十字架のある風景

崔善愛

いのちのことば社

装丁＝上浦智宏 ubusuna
装画・挿画＝かつらや（井上桂）

プロローグ

二〇一五年、新年を迎えてまもなくしたころ、訃報を受けた。三十年間も半身不随で闘病をしておられた方だった。

そのハルモニ（おばあさん）は一九二〇年代に生まれ、朝鮮半島から日本に来て結婚し、四人の子どもを育てた在日一世、信仰に篤いキリスト教徒だった。

私は葬儀が行われるセレモニー会館の場所と時間を遺族に確認したあと、「ハルモニのお名前は？」と尋ねた。亡くなられたハルモニの名前が、会場の案内板にどう掲示されるのかを知りたかったからだ。本名の朝鮮名なのか、あるいは通名（日本名）なのか。そして、そのときはじめてハルモニの通名を知った。

告別式の司式は、在日韓国人の集う教会としてはもっとも規模の大きい在日大韓基督教東京教会の元牧師だった。礼拝では、ハルモニの棺を前に、通名と本名を混ぜながら故人をしのんだ。

会場をあとにするとき、私は牧師に聞いた。

「どれくらいの方が、本名でお葬式をされますか。」

八十五歳くらいの牧師は、これまで数えきれないほどの在日の葬儀をとりおこなってこられた。

「一割くらいだろうね。九割の人は、お葬式も通名であげているよ。ただね、骨になって骨壺に納められるとき、遺族がそっと本名(朝鮮名)を骨壺に書く場合があるね」と話された。

人は生まれたとき、何より先に名前がつけられる。誕生の喜びの中、名前に託される親の思い。しかし、その名前を名乗ることを許さない社会がここにある。

骨になり、その肉体が灰となってもなお、ふたつの名前でゆれる。

九割の在日は「いまも」日本の名前で生きている。

差別される当事者は、相談することでさらなる差別にあうことを恐れ、隠れるように生きている。

存在を消しながら生きる在日は、日本が生んだ存在でありながら、いまなお理解されないままだ。

日本社会に「在日」が存在することが、諸悪の根源であるかのような空気すら生まれた。いや、空気だけではない、「ヘイトスピーチ」が蔓延するこの国で、その矛先が自分に向かないようにと祈りながら生きている人が、どんなに多いことだろう。自分の家族のルーツを隠すことでしか生き延びられない。そして、隠してしまう自分の弱さを恥じ入る。

「あるがままに生きる」というのは、本人の意思だけでは実現できない。

今年（二〇一五年）三月末、私は市役所へ「特別在留証明書」の申請に行った。外国人登録法は二〇一二年七月、大きく変わった。これまで、あまりにも次々と「改定」されるので、何がどうなったのか理解する前に事態は変わっていく。「外国人登録課」という部署はなくなっていた。それは良いことなのかわからないまま、住民登録課窓口で対応を受けた。職員の女性は私の申請書を見て、「通名はないんですか」と聞く。

「ええ、ないんです。」

そう私が答えると、そんな人がいるんだ……というような表情で、彼女は驚きを隠さなかった。

市役所は、住民のために奉仕するといった姿勢が以前よりも徹底していて、そこかしこに善意が感じられたが、それでも国家からの通達を「疑うことなく」実施する場所である。市役所で懸命に働く職員の「善意」は、時に残酷に人の尊厳を奪った。たとえばかつて、ハンセン病と認定されるや隔離政策によって、人生のすべてを奪われた人々がいた。その尊厳の回復と責任をだれがとったというのだろう。

役所に働くひとりひとりは、自らの「職務」の在り方を、疑うことはないのか。

法令が差別を固定した過去からの教訓は、どう生かされているだろうか。

「名前」

塔　和子

私の名よ
私というかなしい固有名詞よ

プロローグ

私は
私の名によって立証され
どこまで行っても
私は私の名前によって
私であることが通用する

四畳半の部屋の中で
しばしば呼ばれ
しばしば返事する
親しく小さな名前よ

故郷の村境の小道から
亡命した私の名前
ああしかし今も
私の名は

閉ざされた小さな世界で呼吸している
私の影のように
やっかいで愛おしい名前よ

私がいると名前も有り
私が立ち去ると名前も消える
はかなくやさしい名前……

「名前」は、十三歳でハンセン病を発症した詩人・塔和子《とうかずこ》さん（一九二九年、愛媛県生まれ）の詩集『分身』（一九六九年）に収められている。

彼女は二〇一四年に亡くなり、墓標には、本名「井土《いづち》ヤス子」と刻まれた。

国はかつて、ハンセン病患者を隔離政策で家族と引き離した。彼女も瀬戸内の島、国立療養所・大島青松園《おおしませいしょうえん》という閉ざされた世界に生きた。そう生きざるをえなかった。そして家族が差別を受けないようにと、本名を変えた。

墓に刻まれた本名。しかし彼女は、これからも塔和子と記憶されるだろう。

彼女の詩はどれも恨みのない、よどみなく流れるかのような詩だ。しかし、その「よどみない」純粋さと「やさしさ」に私たちは甘えてはいけない。彼女はどれほど深い怒りを鎮めながら生きたことだろう。怒りは言葉にならない。言葉が生まれるのは、ほんの一瞬の、怒りと怒りのはざまなのではないだろうか。怒りを言葉で残せば、さらなる苦しみを生むからだ。

彼女、彼らは、ハンセン病にかかったことよりも、その病気によって差別され、隔離され、閉じ込められ、忘れ去られ、理解されないことを泣いただろう。そのような時間をくり返した彼女の言葉は、泣きやんだあとの脱力感のようなものを感じさせる。泣いても、訴えても、なにも変わらない——それこそが悲しみなのだ。

◆致命的なもの

私は、一九六五年、小倉カトリック幼稚園に入園した。

幼稚園で入園者の名前が次々に呼ばれたとき、自分は人と違うことがわかった。

「たいへんなことになってしまった。」ただそれだけだった。翌年、北九州市立貴《き》船《ふね》小学校に通うも、名前は私を苦しめた。毎日、日本人じゃない、と自分に言い聞かせた。この社会で、「国民」であるか否か、そして「日本人」であるか「朝鮮人」であるかということは致命的な「違い」だった——そのことが幼い私にも本能的に、わかった。

最近、ふと思う。

講演などで在日の人権について話すとき、植民地支配を行った日本国を「旧宗主国」と言う。けれども、私の友だちはだれひとり、この言葉を、その生涯において使用することはないだろう、と。

日本で、たいていの人は、「植民地」「宗主国」などという言葉とは、関係のない生活を送っている。だから、私は「植民地支配」という言葉を口にするたび、「自分は理解されないだろう」ことを実感し、悲しくなる。

植民地支配の結果、在日である「私（たち）」がここにいること、それはまるで幻の出来事、あるいは遠い昔の「過去」の「歴史」として取り扱われてきた。だからだろうか、歴史に対する当事者意識が薄いように思われてならない。しかし、在日や沖縄やアイヌに生まれれば、生涯において、日本という国家が強烈につきまとう。それは、国家がいやおうなく私たちの行く手をはばむものだからだろう。「外国人」という呼称もまた国家にとって都合がいい言葉だ。「外国人」となったとたん、この地の同居人ではなく、人々の意識から「外へ、外へ」と追い出される。ハンセン病を理由に、家族と引き離された不条理を生きる人にとって、国家や法律は、自分を守るものではなく、むしろ隔離するためのものとなった。

隔離され差別される苦しみ。その苦しみはなかなか理解されない。ゆえに苦しみは増幅される。

何がどう苦しいのかを声に出して言葉にしてみる。だれからも返事はない。声は聞かれず、聞き流される。

それでも声を出してみる。それを何度かくり返すうち、声に応答する人が、ひとり、ふたり、と広がり、何かが動き出すことがある。

だから私は絶望しなかった。

◆「何も言いたいことはない」

二〇一三年十一月末、私は羽田からソウルに飛んだ。二十年以上音信不通になっていた父方の親戚に会うためだ。

まだ十一月だというのにシンシンと冷える寒さで、ぶあついダウンジャケットを着こみ、街を歩いた。ソウルの街は、アジアを感じさせる。いまやどこの大都市も同じで、近代的なビルが立ち並ぶ。それでも、ソウルはどこか空気が重く感じられ、いつものように呼吸できない。

今回のソウル入りは、父・崔昌華《チオエチヤンホア》の三人の妹、私にとって叔母たちの居場所がわかったからだ。父と母が亡くなり二十年になるが、それまでは両親を頼りに親戚と会っていた。ふたりがいなくなるや、韓国の親戚と音信不通になってしまった。

海があり、国が違えば、親戚のうわさも聞こえてこない。ようやく教会関係のつながりで、叔母たちの新しい住所がわかった。三人ともまだ生きていた。もう八十歳をすぎている。早い時期に会っておかなければ、とソウルに飛んだ。

最年長の叔母には会うことができなかったが、一番下のヨンボ叔母さんとは二日間、ゆっくり話すことができた。祖父母はどんな人だったのか、日本から解放された一九四五年直後、故郷・宣川《ソンチョン》で四代目のキリスト教徒だった父は、宣川南教会の学生会会長で、共産主義教育の勉強会に行こうとせず、十六歳の若さで逮捕され、新義州刑務所に収監された。十七歳で釈放されるが、父は三八度線を越え南へ。あの時代のあのとき、叔母たちはどう生き延びたのか、その激動の日々を語ってくれた。ヨンボ叔母さんも頰が紅潮し、とめどなく記憶が流れ出した。

もっと早く聞くべきだった。これまでの謎がひとつひとつ解けていく。私はこの日をずっと待ち望んでいた。

日本に帰る日、親戚一同が集まる会食が開かれた。ソウルの中心部にあるＹＭＣＡの地下レストランの奥の部屋には、三十年以上離れていた親戚が一堂に会した。

三時間ほどの会食で、私は従兄たちと英語で話すしかなかった。叔母たちともただただほほ笑みながら、うなずくしかなかった。親族でありながら言葉が通じないとは、やはりまずいことだ。

叔母たちの口からはもう日本語は一言も出てこない。ふたりの日本人の通訳者に立ち会っていただいた。

会食の席に、父と幼馴染だったという八十五歳くらいの女性が息子さんと来てくださった。父と同じ場所で同じ時代の空気を吸った人と話せることが、感激だった。

その女性と別れるとき、私は尋ねた。

「これから日本へ帰国しますが、大学や集会などで話す機会があります。日本と韓国の関係改善のために何ができるのか、日本の若者たちに何か伝えたいメッセージがあれば聞かせてください。」

すると彼女は、それまでの穏やかな顔がとたんにくもり、「何も言いたいことはない」とひと言、怒りとも悲しみともいえないような硬い表情で言った。彼女は牧師夫人として生きた人でもある。キリスト教の「赦し」をもってしても、消えることのない傷があるのだろうか。

ああ、まだ、いまもそうなのだ。続いていたのだ。

植民地時代は七十年以上も前に終わり、時代は流れ、韓流ブームもあった。在日はいまや五世、六世の時代になった。いま、植民地時代を「過去」として、私たちは学ぶ。そして未来を語ろうとする。しかし、甘かった。

「何も言いたいことはない」と、日本を拒絶する言葉や態度を、私は物心ついたときから、何度も聞き、何回も目にしてきた。悲しかった。ほんとうは、どんな人であっても、どんなことがあっても、謝罪や対話によって時間が経てば関係は少しずつ良くなってゆくはずだ、そう思いながら過ごしてきた。それが、そんな甘いもんじゃない、とはねかえされてしまうのだ。

そのとき、私はいつも、「いったい、日本人に何をされたのですか？　七十年近く経っても赦しがたいほどのこととは、いったい、何なのでしょうか」と叫びたくなる。このようなやりとりを、これまで何度くり返してきただろう。

「何も言いたいことはない」という声の底に、何があるのだろう。

東京へ向かう飛行機の中、耳鳴りのようにその声が響いた。

「あなたがたは、国を奪われたものの痛みを知らないだろう。奪われたものの大きさを考えたことがありますか？　その痛みは、取り返しのつかないものだと知っていますか？」

私は幼いころ、日本人を憎みつづける韓国人を見るのがつらく、目をそらした。親子でありながら、父の苦悩をどうしても理解できず、どんなにひどいことを日本人にされたかということを聞いても、そんなに日本人は悪くないと弁護した。

けれどもいま、ヘイトスピーチを耳にするとき、「何も言いたいことはない」と言ったハルモニたちの不信感が、ある真実味をおびて、自分の中に広がる。そのことに、はっとする。

日本と朝鮮半島――隣り合う国々は、「隣人」であることすら放棄しそうだ。

目次

II　日本から見える風景……121

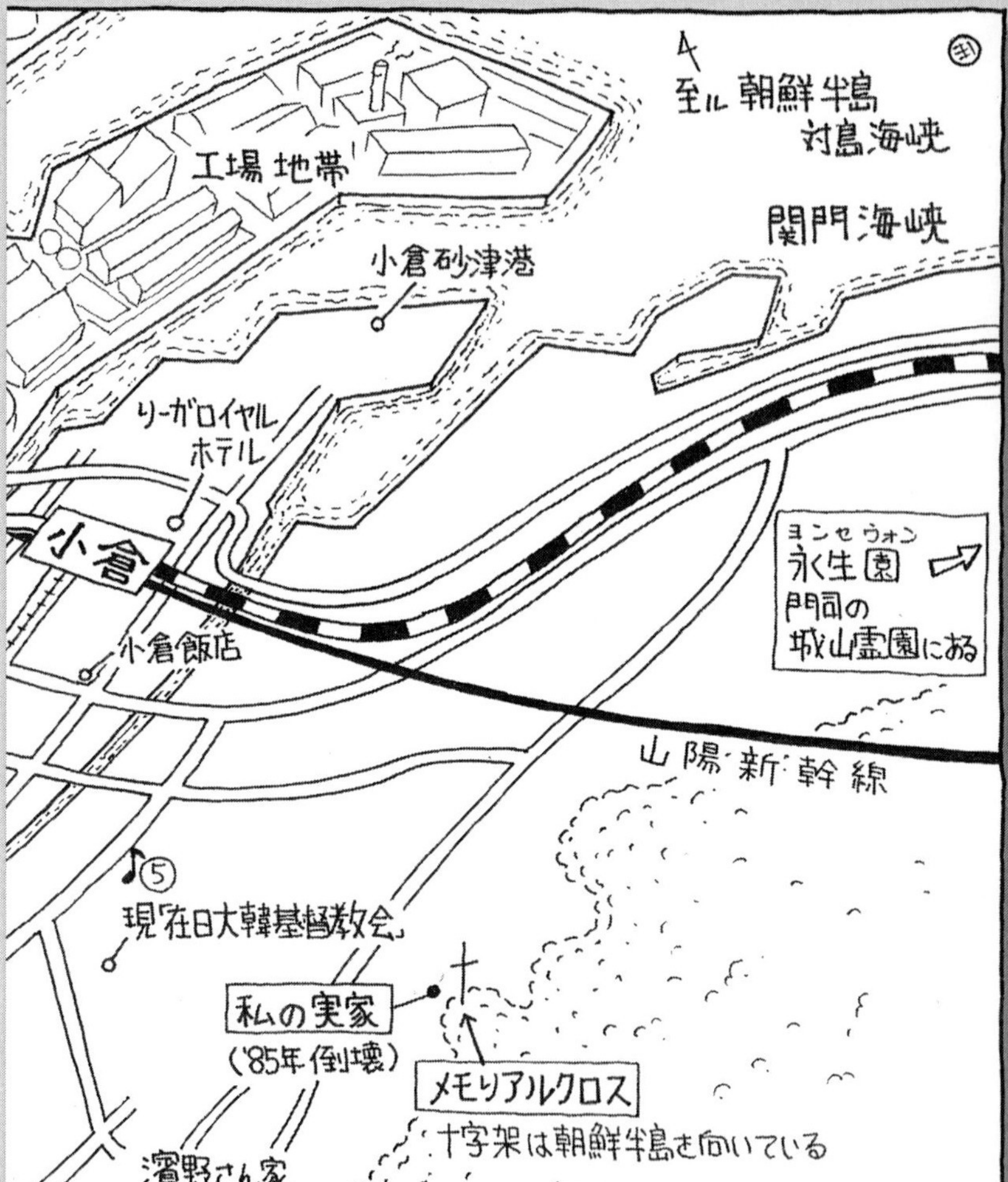
至ル 朝鮮半島
対馬海峡
工場地帯
関門海峡
小倉砂津港
リーガロイヤルホテル
小倉
永生園《ヨンセウォン》
門司の
城山霊園にある
小倉飯店
山陽新幹線
♪⑤
現「在日大韓基督教会」
私の実家
('85年倒壊)
メモリアルクロス
十字架は朝鮮半島を向いている
濱野さん家
足立山
私のピアノの先生たち(習った順)
♪① カトリック教会付属音楽教室
② 鬼のようなスパルタピアノ教師
③ ルノワールの絵に出てくるような美人ピアニスト
④ 井口基成(桐朋学園大学名誉学長)の門下生
⑤ 東京芸大卒で毎日新聞社主催ピアノコンクール審査員

十字架のある町
戦前は、軍都と工業都市として栄えた小倉
朝鮮戦争時は、アメリカ軍の後方基地の一つだった
様々な歴史に触れながら、私はここで育った。
入管(入国管理局)
黄金《こがね》町付近
紫川
育った教会
TOTO
黄金市場
東洋軒
虎家のパン
三萩野
小倉記念病院
加藤慶二さんの教会
原爆の投下目標だった
西小倉
小倉区役所(当時)
市立中央図書館
小倉城
西南女学院ロウ講堂
市立医療センター
女性センタームーブ
福岡地裁小倉支部
カトリック小倉教会
①
②
③
④
香春口
到津動物園
TOTO黄金広場
三萩野
小倉記念病院
育った教会
当時は路面電車
片野
紫川
城野キャンプ
戦死体の処理をしたところ

Ⅰ　私の風景

小倉での日々

歌をうたうことが大好きだった母は、「讃美歌を弾けるようになりたい」と思っていた。そのささやかな夢を私に託した。楽しそうにピアノを弾く私の姿を見ながら、より専門的な先生を探して、毎日新聞社主催の「ピアノコンクール」の審査員を務めるような先生に、私は習うようになった。いつしか音楽大学をめざす道しか、目の前になかった。ピアノの練習のために、いろんな楽しみをがまんしなければならなかった。友だちに遊びに行こうと誘われても断り、バレーボール部に入りたくてもあきらめた。

毎年七月、小倉祇園太鼓の祭りが三日間開催される。

タタン、タタン、タタン、と太鼓を打つ力強いリズムと「ヤッサヤーレヤーレヤーレ」の掛け声。その声を想像すれば、小倉の風景が目の前に現れ、身体から不思議な熱がわく。

小学二年のときだったたか、ピアノ教則本「ハノン」という練習曲を弾いていたときだった。祭りのみこしとともに、遠くから威勢のいい掛け声と太鼓のリズムが家に近づいてきた。私は飛び出してそのみこしを見たかった。けれども母は、「ピアノの練習があるからだめ」とピアノの横にぴったり座り、私が逃亡しないよう「監視」した。太鼓のリズムは遠くからだんだん近づき、その鼓動は教会の真横を通り、私のお腹にも響いた。そして遠ざかった。切なかった。

祇園太鼓のみこしが通り過ぎたとき、ふと、「あれ？」と母と顔を見合わせた。私は、「ヤッサヤーレヤーレヤーレ」の掛け声と「タタンタタン」の太鼓のリズムをそっくりそのまま「ハノン」の曲で刻んでいたのだ。母と大笑いした。

小倉祇園の太鼓を、あれからもう三十年以上、聞いていない。

◆黄色い缶

右足のふくらはぎに、中学生のときのやけどの跡がいまも残っている。その十円玉くらいの傷跡を見ると、父を思い出す。

牧師の家庭に生まれれば、「自宅」は「教会」だ。私の部屋は教会の牧師館の屋根裏部屋。机とベッドがあるだけの六畳ほどの部屋で、窓を開けると、一階の屋根の上に物干し台があった。屋根をつたってどこからかよく猫が訪ねてきた。

ある日、猫を部屋に招きいれ、一時間ほどかわいがったり、遊んだりした。まもなく猫を外に出したものの、猫は離れようとしなかった。私はピアノの練習もあって、猫を外に出し窓を閉めた。その夜、猫が戻ってきて、「開けてよ。お昼はあんなに優しくしてくれたじゃない」とでもいうような甘える声。その鳴き声はだんだん呪うような、「なぜ、どうして開けてくれないの」に変わり、窓のすりガラスを爪で延々とひっかき始めた。私は怖くなって、もう二度と猫をきまぐれにかわいがらないと肝に銘じた。

そんな屋根裏部屋で、夜、布団に入り電気を消すと、毎晩のように父は子どもの寝顔を見て、布団をかけてくれた。私は目をつぶったまま、寝たふりをした。指紋押捺《しもんおうなつ》拒否の裁判を闘っていたとき、父の強引さに反発しながらも、すべては愛情から出ていることを疑ったことはなかった。そして何より、彼の愛情は私だけではなく、教会の子どもたちにも注がれていた。親の愛情をひとり占めしたいと思ったことは一度もなかった。むしろ、自分だけでなく他者へも同様に向けられる愛情があることに誇りを感じた。

そんな時代のある夜だった。当時、羽毛布団のような立派なものではなかったので、綿わたのつまった重たい掛け布団と数枚の毛布を何枚も重ね、息ができないほど重たかったが、その重たさがなぜかここちよかった。布団の白い綿のカバーは洗濯のたび、とりはずし、洗濯後、また母が木綿糸で縫いつけていた。そして、たしか中学一年の真冬。窓が北風でがたがたふるえる日だった。

電気毛布が嫌いな私に、父が電気アンカを足もとに入れてくれた。翌朝、目覚めて重い布団から出て靴下をはこうとしたとき、右足のふくらはぎに信じられないほど大きな水ぶくれ。嘘のようにぷっくりとふくらんでいた。

半泣き状態で、父と母に見せた。両親は「アイゴ（なんてことだ！）」とひと声、そして大騒ぎ。とにかく家にあるありとあらゆる薬を塗ろうとしたが、水ぶくれの上から塗るのは、はばかられた。病院に行き、厚い包帯を巻かれた。

それから毎日、夜になると包帯をとり、薬を塗り直すのは父だった。父は、包帯をとるたびに、「アイゴ」とつらそうな声をもらした。「アイゴ」の声でやけどの傷の深さが伝わり、私は始終目をそらした。

自分の与えた電気アンカのせいで、私がやけどしたことを父が悔いているのは、「アイゴ」を聞くたび、痛いほど伝わった。

一生残るだろう傷に、父自身が深く傷ついているのがわかった。

一週間経っても、包帯はとれなかった。夜、外出から戻った父が、「いいものが手に入った」と、いそいそとかばんから黄色くて丸い缶に入った塗り薬を取り出した。舶来品といった感じの、冷たい緑色をした大きな塗り薬だった。足にたっぷり塗ると、ひんやりとして気持ちよかった。

「これはね、八幡製鉄所で使われていてね、作業員のやけどのための薬。特別なものだからよく効くらしい。」父の声に力がこもる。黄色い丸い缶には「ＫＩＰ　ＰＹＲＯＬ」と横文字が書いてあり、小さく米国ニュージャージーとある。当時よく使われていたメンソレータムと形が似ていたが、見かけたことのないものだった。

一缶すべて使い切って、二つめの缶に入った。父は八幡製鉄まで行き、それを購買部で仕入れた、と話していた。

その塗り薬を、四十年経ったいまも私は使っている。捨てられない。傷は残っている。けれど私はふくらはぎの傷を見るとき、父の愛情を思い出す。

父が亡くなる前に、あの傷はもうなくなったよ、と言ってあげればよかった。

いまも台所でやけどをするたび、黄色い缶を取り出している。

＊　＊　＊

銀色の十字架が立つ三角屋根の教会。ずっしりと重いガラスの玄関ドアを開け、スリッパをはいて二階へあがると、礼拝堂があり、一階が集会室だった。

来客のたび、スリッパを出したりしまったり、あの玄関のドアを閉めたり開けたりした記憶は、身体に染みついている。毎日、一階の集会室でピアノを練習しては、教会に訪ねてくる人をよく迎え入れた。

教会には、知らない人がよく訪ねてくる。手持ちのお金がなくなり家に帰れないので電車賃をもらえないだろうか、という人が多かった。生まれたばかりの猫が数匹、段ボールに入れられ教会の玄関に置かれていたり、やくざに追われているのでかくまってください、と飛びこんでくる人、夫の不倫に悩む女性たち、学校でいじめを受け、不登校になった子どもの親が相談に来たり……。

集会室は、そんな悩みを聞く場だった。私は子どもながらに「大人たち」の悩みを知った。

大学に入学するまでの約二十年間、その集会室にある教会のアップライトピアノで練習した。はじめて自分のピアノを買ってもらったのは、大学三年のときだった。ヤマハやカワイではなく、ディアパーソン製のグランドピアノを免税で買ってもらった。音楽大学を受験する学生は、みなグランドピアノを自宅に持っていて、アップライトピアノで練習するのは稀だと、大学に入って、友人の話からわかった。

アップライトとグランドピアノは、鍵盤のタッチも音の響きも格段に違う。グランドピアノに慣れると、アップライトピアノは、おもちゃのピアノのように思われる。教会のアップライトピアノは、集会室の片隅に置かれていた。

礼拝堂と同じ広さの集会室は広すぎて、夜、ひとりでピアノを練習するのは心細くて怖くて、その部屋に入るとき、まず及び腰で部屋の電気をつける。何もそこに異常がないことを確かめて（ねずみや虫が走り回っていないか……）精いっぱい自分を奮い立たせた。夜の集会室は、夜の海のように、昼とはまったく違う空間になる。

集会室のベニヤのような木目の壁に向かって置かれたヤマハ・アップライトピアノ。いくつかの長細い窓の縁は素人っぽく茶色のペンキが塗られていたけれど、その窓はいかにも教会風の形態をしてい

小倉教会の集会室。右端にあるのが大学まで弾いていたピアノ。
（撮影・豊崎博光）

た。

夏になると、その窓にはいつも同じトカゲがやってきて、部屋のあかりのもとに飛んでくる蛾をねらっては捕まえて食べる。のっそりと気づかれないように獲物に近づくトカゲ、成功率はかなり高く、のどに蛾が吸い込まれるのを見ながら、ベートーヴェンのソナタを弾き、ショパンを弾いた。時折、窓の外に人影があり、じっとピアノを聞いているのが、すりガラス越しに見えたこともあった。

その教会も二〇一三年、取り壊された。私の原風景がまたひとつ、なくなってしまった。

教会があった場所が更地になったのを見たとき、失ってはいけないものを失ったような気がした。私個人の単なるノスタルジーとしての喪失ではなく、この教会は、日本と朝鮮半島の一〇〇年を語らしめる遺産だった。あまりにも惜しい。

◆母の夢

母は、牧師の妻として、おそらく歓迎されない「夢」を持っていた。それは、牧師館を出て、いつか自分の家を持つことだった。彼女はその夢を黙々と実現した。一九七五年、私は大学に入り、名古屋に移り住んでいた。帰省すると、実家は牧師館ではなくなり、「メモリアルクロス」のある丘の家へ引っ越していた。

教会に牧師が不在になることは好ましいことではないので、父は牧師館を出ることに賛成ではなかった。けれども、人権活動や教会のもろもろの仕事に疲れていた母を父は知っていたので、母のささやかな夢に「参加」しないわけにもいかなかったのだろう。

母は人前では父に反論することをしなかったが、家の中でふたりはよく議論した。私にはそれが議論なのか、けんかなのかわからず、言い争う声を聞くたび、自分の部屋で布団をかぶって耳をふさいだ。

けれども、韓国に行ったとき、道端やレストランで、大きな声で言い合う場面に何度か遭遇した。傷害事件に発展するかと思うほど言い合ったあと、すっきりした顔でいっしょにご飯を仲良く食べる韓国の人々の様子を見てほっとした。何も言わずに相手の意見にうなずくのではなく、考えを正面から主張するのが韓国の流儀なのだとわかった。

両親は、夜遅い時間までとことん議論した。大半は教会のことだった。教会や集会で、人に向かって話す父の言葉遣いが人を傷つけているのではないか、と母はいつも父に訴えていた。たいてい父は、そのような母の指摘を受け入れていた。さらに母が、人権運動を制限し、教会活動に「シフト」してほしいと言うと、父はだまってうなずくけれど、翌日にはまた人権運動に走り回っていた。

次々に裁判を起こし、人権運動を広げるのであれば牧師をやめて運動家になったほうがいいのではないか、と母は父に進言することもあった。父は、そのたびにこう言った。「自分は牧師として人権活動をしている。これもまた聖書の言葉を実現するためだから、牧師でなければ意味がない」と。

母は、教会員の悩みや病気にもっとよりそい、時間を割くべきだと訴え、父は、在日が置かれている法的地位を向上させなければ在日の未来はないと言い返し、ふたりはいつもこの一点で折り合いがつかなかった。父は教会の外にも、救い出すべき人がいる、という姿勢を貫いた。

◆母の最期

私は一九八六年から三年間の留学を終えて二十九歳のときアメリカから帰国し、三十歳で結婚。長女が生まれたが、その長女が一歳になる直前、父が末期の肺ガンとわかった。それから約半年後の一九九五年二月八日、父は亡くなった。六十四歳だった。のこされた母は、父と暮らした小倉にとどまることも、父の写真を見ることも耐えられなかった。同年七月東京に移り、私の妹・善恵《ソンヘ》といっしょに住んだ。

母と妹は、父の遺した膨大な資料の箱に囲まれ、「これを何とかしなければ……。どう生かせばいいのか」と、約二百個の段ボールからくるプレッシャーとともに暮らしていた。

その母が大腸ガンになっていた。父が亡くなって二年も経っていなかった。大腸に悪性腫瘍が見つかり手術をしたが、兄と妹、三人で話し合い、母には「良性の腫瘍だから」とガンを告知しなかった。

私は、そんな母に何ができるのかを考えた。ピアニストとして舞台に立つ姿を母に見せることしかないと思った。結婚後、育児に追われ、演奏活動から遠のいていた。このままでは、母が私を音楽の道に導いたことに報いることができない。とにかくリサイタルを開こう。そして、コンサートを母に聞かせよう。そう決心し、小倉と東京でリサイタルを企画した。

一九九八年二月十日、北九州市立女性センタームーブホールで、「Chamber Music, Anyone?」という室内楽シリーズの初回リサイタルを開いた。二歳半の長女を連れ、小倉へ向かった。行きの新幹線の中、母はつらそうだった。私はコンサートのことで頭がいっぱいだった。コンサート本番中、母が長女のベビーシッターをしてくれた。

終演後、長女をひきとり、友人と会食に出かけ、レストランで注文をすませたときだった。母が救急車で北九州市立医療センターに運ばれた、という一報。駆けつけると、母は激痛に耐えられず、自ら救急車を呼んだという。

母を喜ばせようと開いたはずのコンサートで、母は痛みを我慢しながら孫の世話を笑って引き受けてくれていた。なんて残酷なことをしてしまったのだろう——演奏することが親孝行だなんて、ひとりよがりだった。

演奏活動がようやく軌道にのってきたある日、母に言われたことがある。

「ピアノを演奏して拍手をもらえるあなたには、在日の悲しみはわからない。」

この言葉は、かなりこたえた。いまもよくこの言葉を思い出す。

在日の多くが、勉強して大学を出ても就職できず、苦しんでいる。かたや私は、華やかなドレスを着、舞台で拍手をもらえる。母は、傲慢にならないで、と私に言いたかったのだと思う。

両親。母・金貞女《キムチヨンヨ》（61歳）、父・崔昌華（62歳）。

母はいよいよ病室を出て歩くこともできなくなった。ある日、ベッドに座った母が、担当医の若い先生に向かって、こう訴えているのを聞いた。

「先生、私たち在日は、ずっと人権のない状態に置かれています。そのことを忘れないでください」と。

それまで母が人権について語る場面を

あまり見たことがなかった。父や私が裁判所や集会で訴えるのをじっと耐えるかのようにそばに立ち、見守っていた母。そのまなざしはいつも家族の身を案じ、私の将来の行く末を心配していた。

母は亡くなる数日前、「在日の人権を訴えてゆくことを大切にね。ピアノの演奏よりも……」とかすれた声で言った。

意外だった。ピアノの演奏家になることは、母が私に託した夢だった。指紋押捺拒否のことが、連日のように新聞に報じられた日々、母は「穏やかな生活をしたい」とこぼしていた。

夫に先立たれ、心の焦点はあわないまま、どうやって立ち、どう歩けばよいのか、母の魂は彷徨《さまよ》っているようだった。

病室でふたりになったとき、「爪を切って」と手をテーブルの上にのせ、私を見た。母の爪をはじめて切った。爪がまだ伸びているんだから、まだまだ生きられる、そう私は思った。

その日、デラウェアを口に数粒運び、ごくりと飲みこんでいた。それが最後の食事になった。その日の夕方、母は天井に向かって目をあげ、韓国語でだれかと対話し始めた。

「神さま、私をあなたのもとに行かせてください。」

「そうですか、わかりました。」

それは、目を閉じて祈る、というものではなかった。母の目にはだれかが見えていて、そのだれかと話し、うなずき、問いかけていた。

私はびっくりして、母は幻聴を聞き、幻覚を見ているのだと、担当医のところに飛んでいった。

「先生、母にモルヒネを打ったのでしょうか？　幻覚を見ているようなのですが」

と聞くと、「何もしていません。モルヒネも打っていませんよ」と言われた。

ようやく、ここにきて私は気づいた。

母は、神と交信していたのだ。最期のそのときまで、母は神にすがり、神と対話し、神の存在を疑うことはなかった。

入院して間もなく、「子どもに親の亡くなる姿を見せることが、最後の教育だから」と言っていた。

そして、病室でしきりにこうくり返した。

『すべてのことに感謝しなさい。』この言葉に尽きるのよ。いまね、この聖書の言葉の意味が、ようやくわかった」と満たされたような顔で、花瓶の花を優しくみつめた。

「これまで、牧師夫人として、教会員の重い病気に立ち会い、相談にのってきた。けれど、こうして自分が病気になって、その苦しみを私は何もわかっていなかったと気づいた」と申し訳なさそうに話した。

母の意識が遠のき、心電図の波が一直線になり、担当医が「どうしますか？　心臓マッサージをしますか？」と聞くので、「はい」と言うと、先生は心臓マッサージを始めた。

母が通っていた教会の牧師に連絡をとり、急いで母の召天の祈りをささげてほしいと依頼した。金性済《キムソンジェ》牧師が来るまでの約一時間、心臓マッサージは続けられた。しかし、母はなんの反応もしめさず、兄と妹と三人で、何度も「オモニ、オモニ」と呼びかけた。

こんなときこそ、オモニに讃美歌を歌い、聖書の言葉を読むべきなのに、私たちは、聖書のどの箇所を読めばいいのか、気が動転したまま、讃美歌も歌えず、ひたすら「オモニ」と連呼した。

金牧師が汗だくになって到着し、すぐさま「詩篇」を読みあげてくださった。金牧師は、母がもっとも愛した聖書の箇所をご存じだった。母は、私たちの呼びかけには反応しなかったのに、牧師が朗唱する詩篇に、「うう」とはっきりした声で応え、ひとすじの涙を流した。

◆法務局

二十年前、私は両親を亡くし、実家を失った。同時に、両親と過ごした小倉時代は、白黒世界になってしまった。

お墓まいりやコンサートなどの仕事で小倉に年に一度帰るが、そんなときは小倉駅近くのホテルに泊まる。

十数年前、やはり父の命日に合わせ帰省し、小倉駅の海側（裏側）にあるリーガロイヤルホテルの上階の部屋に泊まった。ホテルの窓から見える風景、それはいつも美しいとはかぎらないが、その日、部屋の窓から見えた風景に絶句した。小学生の娘がつぶやいた。「ああ、これが教科書にある北九州工業地帯ね。」長年、小倉で暮らしていても、小倉駅の反対側の海を上から眺めたことはなかった。これほど大規模な工場地帯があって、鉄鋼や石油のコンビナートひしめく地帯に自分が住んでいたとは、思いもしなかった。

多数の煙突から妖しげな色の煙がもくもくとあがっている。右手には関門海峡。ホテルの眼下に見えるフェリー乗り場はまるで小さな遊園地のようだった。海を埋め立てそびえたつコンビナートの姿。小倉にも「軍艦島」はあるのだ。

高い場所から街全体を見下ろし、私ははじめて住み慣れた小倉の街を「風景」として見た。

ものごとに表と裏があるように、風景にも表と裏がある。

そういえば、小倉駅の裏側には、何度か行ったことがあった。西港という海沿いの工業地帯方面へ入ってゆくと、倉庫が並び、その一角に「福岡入国管理局小倉港出張所」がある。

そこには「外国人」しか、やって来ない。

プレハブのような、いつでもたたんで移動できそうな「入管」は、「日本人」の生活から離れた、人の目には見えない「影」の場所だ。

あの法務省の「入管」へ、私は「再入国許可申請」に行った。人気も生活感もない倉庫の一角に着き、そこで新聞記者が待っていたりすると救われたような気がした。このままどこかに連れ去られてもおかしくないような場所だったからだ。

出張所にほかの「客」はいつもいなかった。

二、三名の職員がカウンター内にいて、彼らも人里離れたところで肩を寄せ合っているように見えた。しかし、私にとってこの小さな場所こそが、国家権力そのものだった。

小倉の風景

ＪＲ小倉駅の在来線の改札を出ると、小倉祇園太鼓の像が迎えてくれる。年々、その像が小さくなっていくように感じられるのは、頭上を走るモノレールや増加する高層ビルのせいだろう。巨大なセメント建造物は、普通のものをすべて小さくしてしまう。

高所恐怖症ぎみなので、小倉のどまん中を走るモノレールには数回しか乗ったことがない。私が小倉で過ごしたころ（一九六〇〜一九七八年）は路面電車が走っていた。

モノレールの小倉駅から三つめの香春口《かわらぐち》駅に到着すると、目の前に小倉カトリック教会がある。私はこの教会の幼稚園に通い、教会附属音楽教室ではじめてピアノのレッスンを受けた。そこではピアノだけでなく、音を聴いて何の音か当てたり、うたったりする「聴音」が特に楽しかったのを覚えている。

小倉は、いろんな顔を持っている。

人気作家の松本清張（一九〇九～一九九一年）が、芥川賞受賞作品『或る「小倉日記」伝』（一九五二年）を四十三歳で書いたのは、「朝日新聞西部本社」の広告部員として小倉に住んでいたころだった。この作品が世に出た八年後、よちよち歩きの私は一歳で小倉教会に住むことになった。

『或る「小倉日記」伝』には、香春口のカトリック教会のフランス人神父F・ベルトランが登場する。この神父は、小倉に在住していたころの森鷗外にフランス語を教えた人だ。ベルトラン神父はパリに生まれ、日本在住四十年。任を終えてフランスに帰国しようとした矢先、小倉で客死したという。

私が「なでしこ組」だったときも、園長先生はフランス人の神父だった。カトリック教会に附属する幼稚園だったので、ときどきミサにも参加した。

フランス人神父のいる静謐なミサ、それこそがキリスト教会のイメージそのままだった。かたや私の父親の教会は、在日韓国・朝鮮人が集まり、朝鮮語が飛び交う教会。

同じキリスト教会でありながら、まったくもって別物の「教会」に思われた。

小倉カトリック幼稚園から、「黄金市場《こがね》」を通り、自宅（教会）まで歩いて十五分ほどだ。黄金市場は、私たちの原風景。食卓にならぶ食材のすべてはこの市場で仕入れた。母が八百屋さんに「ふたつ買うから安くして」と値切ったりするのを横で少しはずかしく思いながらも、母といっしょに市場で買い物をするのが楽しかった。

お店の二階は住居になっていて、部屋に「仁義」なんて書かれたものがかかっているのが窓の外から見えた。先日（二〇一五年）、タクシーの運転手に「黄金市場が工藤会（指定暴力団）の本拠地だから」と教えられた。小倉はやくざが多いなあと感じてはいたものの、まさか日本で最大の暴力団の本拠地が、私の原風景だったとは……苦笑した。

＊　＊　＊

小倉は、地理的に中国や朝鮮半島など、大陸への玄関先だ。

第一次世界大戦後、軍縮ムードもつかの間、山東出兵《さんとうしゅっぺい》（一九二七〜二八年）、満州事変（一九三一年）など、日本がふたたび大陸侵略をもくろみ、軍拡へと舵をきった時代。まさに「富国強兵」の掛け声で、すべてが戦争へと動き始めた。そんな時代に、父は朝鮮半島で生まれている。

◆父が小倉に来るまで

父は、一九三〇年九月二十四日、中国国境に近い宣川《ソンチョン》で生まれ、その二十五年後、朝鮮を植民地支配した国へ来てしまった。

一九四五年、日本からの独立の喜びもつかの間、朝鮮半島は米ソの冷戦に巻き込まれていく。北側から、ソ連や中国の共産主義思想が入ってくる中、日曜日の礼拝の時間帯に合わせるように、教会の外では共産主義の勉強会が開かれていた。教会に通っていた父は、その勉強会を休んでばかりいたことを理由に投獄される。新義州刑務所でひどい拷問を受け、やっと釈放されたのは一年半後のことだった。未成年であることを理由に釈放されたが、キリスト者としてはもはや生きられないと思い、十七歳で南へ向かう。ソウル新興大学（現・慶熙《キョンヒ》大学）専門部政経科を、働きながら卒業した。その一か月後、朝鮮戦争が勃発。

身の危険を感じた父は、済州島《チェジュ》まで南下し、一九五四年、二十四歳にして単独で日本に船で渡った。朝鮮戦争に巻き込まれそうになりながら、必死で自分の将来をつかもうと考えた末だった。

その後、神戸改革派神学校に入学し、二十八歳で牧師になり、三十歳のときに北九州の小倉に来た。そして、六十四歳で亡くなるまで、ずっと小倉で牧会をした。（父の人生については、二〇一四年八月、評伝が出版された。田中伸尚著『行動する預言者・崔昌華』〔岩波書店〕、まるで父の声が聞こえてくるような、すばらしい一冊。）

なぜ父は、渡日後、神戸改革派神学校をめざしたのか、ある教会の百年史を読み、ようやくいろんなことがつながった。

父の生まれ育った宣川は、一九一二年当時から、日本の牧師らとの交流があった。神戸改革派神学校の前身、神戸神学校から牧師が朝鮮に派遣され、また朝鮮からも日本に留学していた。そういうパイプが一九〇〇年代初頭からあった。

父が神戸改革派神学校時代に所属していた神港《しんこう》教会の百年史の中に、神戸の教会と朝鮮の教会とのつながりについて書いてある箇所があった。

朝鮮人教会と林田《はやしだ》教会

一九一〇年の日本による韓国併合以来、多くの朝鮮人が植民地政策により、日本に移住して困難な生活を強いられていた。神戸近辺にもかなりの人数の朝鮮人が居住するようになり、神戸神学校で学んでいた朝鮮出身の神学生たちは、そのような人々に熱心に伝道を行った。……一九二一年に朝鮮イエス教長老会神戸教会が設立された（長田《なが た》区宮川町、当時の林田区宮川町）。一九二七年、カナダ人宣教師ヤング（朝鮮名、榮在馨）が二十一年間の朝鮮での宣教活動の後に来日し、同神戸教会牧師となった。……

この間、朝鮮においては、日本政府・朝鮮総督府は、「皇民化」政策を推し進めるために、一九二五年に朝鮮神宮（祭神は天照大神と明治天皇）を創建し、以後、朝鮮各地に神社を建て、朝鮮の人々に神社参拝を強要した。このような圧力に対して、朝鮮の教会は抵抗した。……それに対し、日本基督教会は一九三六年に大会議長川添万寿得《かわぞえますえ》を、また一九三八年には大会議長富田満《とみたみつる》を派遣し、神社参拝を勧めた。彼らは、神社は宗教ではないこと、また、「新附国民」である朝鮮人が日本人の国民儀礼をすることによって日本人と融合することの益を説いた。……やがて朝鮮の教会に対する圧力はさらに強まり、一九三九年に警察官立ち会いのもとで行われた会議で、長老派教会は神社参拝を決議した。この決議に反対した約二千人の牧師・教徒が検挙・投獄され、五十名余りが獄死、二百余りの教会が閉鎖された。

このような背景から、日本国内においても、特高警察は、朝鮮人教会を厳しく監視し、礼拝を日本語ですることを強要した。一九三九年四月には、朝鮮イエス教長老会は強制的に日本基督教会に加入させられ、同神戸教会は日本基督教会林田教会となり、さらに教会合同により日本基督教団に組み入れられた。ヤング牧師は、外国人宣教師に対する弾圧が強まったため、一九四〇年十二月にカナダに帰国した。……教会には戦前からの信者の他に、朝鮮から徴用されて神戸の工場で働く人々、学生たちが残されることとなった。

（『神港教会百年史』より）

◆L・L・ヤング

写真の前列、帽子をかぶるカナダ人宣教師の夫妻、そして英字で「KOKURA KYOKAI」と書かれた看板は、当時、小倉の地元の人たちにはどう映っていただろう。

教会百年史にあるように、L・L・ヤング宣教師は、来日までの二十一年間、朝鮮で宣教活動を行った。一九二七年、来日後、神戸教会だけでなく、小倉教会にも同時期に派遣された。

ヤング宣教師が小倉に来る少し前、一九二三年関東大震災が起きた。その震災で多くの朝鮮人が虐殺されたことを伝え聞き、福岡、九州に住む朝鮮人は日本の警察に守ってもらう

小倉教会。前列中央がヤング宣教師夫妻。
（1949年11月）

どころか、自警団や警察に殺されるかもしれないという恐怖があり、自らの安全が守られる場と救いを求めていた。

少しさかのぼると、植民地支配の始まる前の一九〇五年、日本には三百三人しか在日朝鮮人は存在しなかったが、その後、徐々に増えてゆく。

一九〇八年、東京にはじめて在日のための教会が建てられた。九州と小倉でキリスト教の伝道が始まったのは、関東大震災が起きた一九二三年だった。そして一九二七年、小倉市白銀二－四〇六番地の借家に「朝鮮イエス教小倉教会」を設立、ヤング宣教師は、カナダ長老教会海外宣教部から正式にこの年十月派遣された。日本にある朝鮮人のための教会、その苦難の歴史をヤング宣教師は朝鮮人とともに過ごした。いま日本にある「在日大韓基督教会」の礎をヤング宣教師が築いたといえよう。カナダ長老派教会とは、いまもつながりが深い。

教会の歴史のなかで、特にここに記録しておかなければならないことは、日本の植民地思想をそのまま教会に持ち込み、韓国・朝鮮人の教会を接収したことだ。日本の教会もまた、朝鮮の教会にとっては「支配者であり弾圧者」だった。

一九三八年十二月、朝鮮基督教の代表が「伊勢神宮参拝」のために来日した。こうして神社参拝の強要が始まっていった。当時、日本に住む韓国・朝鮮人の集まる教会に対して日本基督教会は、「日本基督教会の信条に服すること」「布教は国語（日本語）を使用すること」「教職者を再試験すること」など、教会の布教活動や礼拝においてまでも日本語を使用させ、植民地思想を疑うことをせず、むしろ推進させた。それは、かつて豊臣秀吉の朝鮮侵略のとき、キリシタン大名が聖書を片手に、もう片方の手には武器を持って朝鮮の人々に布教したことを想起させる。

戦争が始まり、日本の警察から宣教師も弾圧され、一九四〇年ヤング宣教師はカナダに帰国した。その二年後、小倉教会に宋永吉《ソンヨンギル》牧師が初代牧師として就任。一九四二年十月〜一九四四年十月の丸二年間赴任したが、一九四四年、宋牧師は、韓国語の礼拝を許さないという警察からの弾圧のために帰国し、海州《ヘジュ》で「殉教死」したと記録される。（『在日大韓基督教　小倉教会創立七十周年記念誌』参照）

宋牧師が去った後の小倉教会は、日本人教会になった。敗戦の一九四五年十一月、教会堂を日本基督教団に預け、信徒八十名が帰国した。青木定雄《あおきさだお》牧師が小倉教会に居住し日本人に伝道した。

小倉教会の朱文洪《チュムンホン》牧師と李出伊ハルモニ
（撮影・本田雅和、2007年）

しかし韓国から派遣された韓延洙《ハンヨンス》長老とともに、李出伊《イチュリ》ハルモニは、帰国せず残留した。そして、朝鮮人のための教会に戻すことを日本基督教団に対し、何度か交渉した。その結果、四年後の一九四九年十一月、ようやく返還された。

李出伊ハルモニは、現在もご健在で、小倉教会の重鎮として毎週日曜日、いつも礼拝堂の「指定席」に座っておられる。

このように小倉教会は、戦前戦後、植民地時代を生き抜いた。一時期、朝鮮人教会は存続を許されず、日本基督教団によって接収されたという歴史は、戦争の罪責の問題として、日本の教会にも広く知らされるべきだろう。

＊　＊　＊

一九六〇年、このような時代を生き抜いた小倉教会の待望の二代目牧師として、父は宝塚教会から赴任した。一九九五年二月八日、六十四歳で亡くなるまで、三十五年間、小倉が父の居場所だった。

朝鮮半島の北部、宣川から、三八度線を越え、釜山から船に乗り、香椎にたどりつき、神戸の神学校を出て、宝塚から小倉にたどりついた。そして、小倉の地で、多くの在日朝鮮人の居場所をつくり、強制連行犠牲者の納骨堂「永生園《ヨンセウオン》」を建てた。

一九五四年六月、朝鮮から日本への亡命――。それは、父にとって歴史を逆流するような行動だった。

日本と韓国の歴史から、死ぬまで解放されることがなかった父。解放どころか、日本に来ることで、植民地時代を再体験することになった。

父は牧師として、日本人を赦さなければならない、しかし、どうしても赦すことができない、それでも……と自分に問いかけ、神に問い、葛藤し尽くした人生だった。

かつて父は、日本人と結婚するくらいなら、おまえを殺して自分も死ぬ、と私に言ったことがある。

「牧師なのに、よくそんなことを言えますね」と私は父を責めた。

しかし、最期のとき、病床で、「私はどうしても日本人を憎みきれなかった」とつぶやいた。

自分を「恩赦」にした日本、その日本を憎みとおしたほうが、すっきりしたかもしれない。しかし、父は日本を愛そうと努力し、祈り続けた。日本を愛したい、日本人の良心を信じたい、その強い思いがあったからこそ、いくつもの裁判の判決の日、彼は意気揚々と出かけ、「私たちが負けるはずがない」と言いきった。

「崔《チオエ》」を日本語読みで「サイ」と読んだNHKを相手取り、名前の原語読みを求めた人格権訴訟（一円訴訟）を起こした。彼がもし闘っていなければ、サッカー選手、韓国のタレントも、韓国の大統領も、私自身の名前も、日本語読みのままだっただろう。

当時の小倉教会と父・崔昌華
（撮影・豊崎博光）

そして、指紋押捺拒否という「法律違反」をあえて行わなかったら、いまも犯罪者のように隠れて生き、自分を否定していただろう。

「闘う」ということは、人を信じることによってのみ、なしうるのだと思う。

◆風景の中の「戦争」

まだ小学生のころだった。小倉区役所の前には、片足を失った帰還兵士がのぼりのようなものを立て、よく物乞いをしていた。あの人の存在こそが戦争を語っていたが、私は直視できず、下を向きながら通り過ぎた。いつのころからか、その帰還兵士の姿はなくなった。

私は音楽大学の受験に失敗して、北九州予備校に一年間通った。浪人中、国公立大学の受験に必要な共通一次試験の準備をするため、小倉城の向かい側にある北九州市立図書館にもよく通った。いまはその図書館前に松本清張記念館がある。

その松本清張が「いもむしのようだ」と書いた北九州市立図書館は、原爆の投下予定地だった。

一九四五年八月九日、当時、そこに「造兵廠《ぞうへいしょう》本館」という師団司令部があった。「小倉に眠る軍都の面影」（「朝日新聞」二〇〇七年八月十二日）によれば、東京から造兵廠（兵器・弾薬・艦船などの設計、製造などを担当した機関および工場）が小倉に移転したのは、朝鮮半島に近いからだったという。

造兵廠は一九三〇～一九三一年に建造され、一九三三年に陸軍造兵廠小倉工廠として発足。最盛期には約四万人が働き、銃器や砲弾、銃弾を製造していたという。森鷗外は一八九九年から一九〇二年まで小倉で軍医として働いた。敷地は約五八万平方メートル、その構内には約二七〇棟の施設が立ち、地下道のほかに地下施設もあった。

小倉城の地下には、西日本最大級の兵器工場があった。小倉祇園太鼓が練り歩くその道の下には、いまも多くの兵器が眠っているということだ。

また、小倉が最大級の軍都となった遠因に、一九二三年の関東大震災があったという。東京が大震災で壊滅状態になり、経済的に落ち込んでいた小倉市は、兵器工場の誘致に成功した。以来、小倉は、軍部と切っても切れない場所として「発展」し、軍事産業の街となっていった。現在も、日本全国のどこかで、防衛省向けの戦闘車両などを三菱重工業、コマツ、日立製作所が製造している。武器が日本で製造されていることに、私たちはあまりにも鈍感ではないだろうか。


平和国家の誇りだった「武器三原則」が変更された二〇一四年。

「官民一体　軍需で成長」という見出しが東京新聞一面トップ記事になっていた。

同年六月十四日からフランス・パリで世界最大規模の武器の国際展示会に、日本の企業十三社が参加した。三菱重工業は、開発中の装輪装甲車の模型や戦車に利用されるエンジンをアピールし、東芝とＮＥＣは、気象レーダーや航空管制システムレーダーを軍事転用する可能性を展示し、川崎重工業は、戦闘機の射撃訓練時に使う空対空の小型標的機、日立製作所は、陸軍自衛隊で使用されている車両や地雷探知機を出品した。

「防衛省の要請を受けて、出品内容を話し合って決めた」(三菱重工業)、「軍事転用がどの程度可能か、市場の反応をみたい」(東芝)などと取材に応えた。(「東京新聞」二〇一四年六月十二日)

戦後七十年、日本はふたたび軍事国家へと大きく舵を切った。小倉もふたたび軍都となるにちがいない。

地下に眠る兵器工場はその日のために、そのまま残されているのだろうか。

＊　＊　＊

原爆投下の標的とされた小倉。

米軍は、西日本最大の兵器工場が小倉にあり、広島に並ぶ軍備の拠点であることを知っていたからだ。しかし、小倉には投下されなかった。その理由は、これまで「天候不良のため」と言われてきたが、アメリカ公文書の開示により、前日の八幡空襲による「スモーク」で見通しが悪かったためであると判明した。

そして、軍都小倉の痕跡は、私の母校、西南女学院にも残っていた。

◆西南女学院にある戦争の遺物

西南女学院は、戦時中、「スパイの学校」と呼ばれ、日本軍に二度接収された。敵国アメリカの宣教師が建てたキリスト教学校となれば、全国中のミッションスクールは、戦時中、似たような目にあっただろう。

この学校には、八幡製鉄に勤務する父親を持つクラスメートが通っていた。当時「八幡製鉄所」といえば、北九州の繁栄を支える誇り高き響きがした。けれども、日清戦争の戦勝金で建てられた「官営八幡製鉄」が戦争に果たした「功績」を知ると、クラスメートと私との間にある溝は深い。

私は毎日曜日、教会で筑豊や小倉炭鉱に強制労働させられた朝鮮人家族とともに過ごし、平日は学校で八幡製鉄関係の家族を持つ友人と過ごした。

はっきり言えば、強制労働「させた側」と「させられた側」を私は行き来していたのだ。それが日本に朝鮮人が住むということなのだろう。

二〇一五年七月五日、ユネスコの遺産登録を果たしたばかりの「官営八幡製鉄」が強制労働を課した朝鮮人は、韓国外務省によれば三千四百人。ところが、一九六五年の日韓基本条約で強制労働に関する問題は「解決済み」とする日本政府は、本格的に強制労働の実態調査を行っていない。

今回の「明治の産業遺産登録」にあたり、「forced to work」という言葉でもって、遺産登録を通過するために政府は折り合いをつけたようだが、その直後の会見で、この英語表記は「強制連行を意味するものではない」とかたくなに発表していた。

とにもかくにも、八幡製鉄の関係者家族が西南女学院には大勢通っていた。友だちはだれひとり、強制労働させられた朝鮮人を自分の父親の会社が雇っていたなど考えもしない。

私も最近までとりたてて、そのことを意識していなかった。

ロウ講堂（西南女学院）
（撮影・崔善愛、2015年6月27日）

西南女学院中学と高校の六年間、週に一度以上、礼拝があった。礼拝堂は「ロウ講堂」と呼ばれ、創設者である南部バプテストの宣教師J・H・ロウの名前からとっている。

この講堂は、毎年開催される「讃美歌コンクール」で競い合った思い出深い場所。この講堂のことが二〇〇七年、朝日新聞に大きく掲載された。この講堂の地下から、戦時中の遺物がたくさん出てきたという。旧日本軍の通信基地だったことがわかったのだ。

学校も、床板一枚はがせば、軍人の使ったたばこの箱や、乾電池の空き箱、飲んだあとのビール瓶が残されていたのだ。そうとも知らず、私たちはそこで讃美歌を歌い、聖書を読み、掃除し大騒ぎした。

ロウ講堂には夜、お化けが出る、創立者の肖像画の目が動いた、などとよくうわさになった。それはあながち「うわさ」ではなかったのかもしれない。

私の育った小倉の街。軍都としての小倉の歴史を、学校でも新聞でも聞くことはなかった。

東京電力福島第一原発の廃炉作業を、私も含め、人々は見ようとしない。それと同じ心理で、戦後、人々は「復興」だけに目を奪われ、戦争孤児らも何の補償もされないまま、戦争の傷と責任の重さ、そのすべてから目をそむけた。国だけでなく、私たちも目をそむ

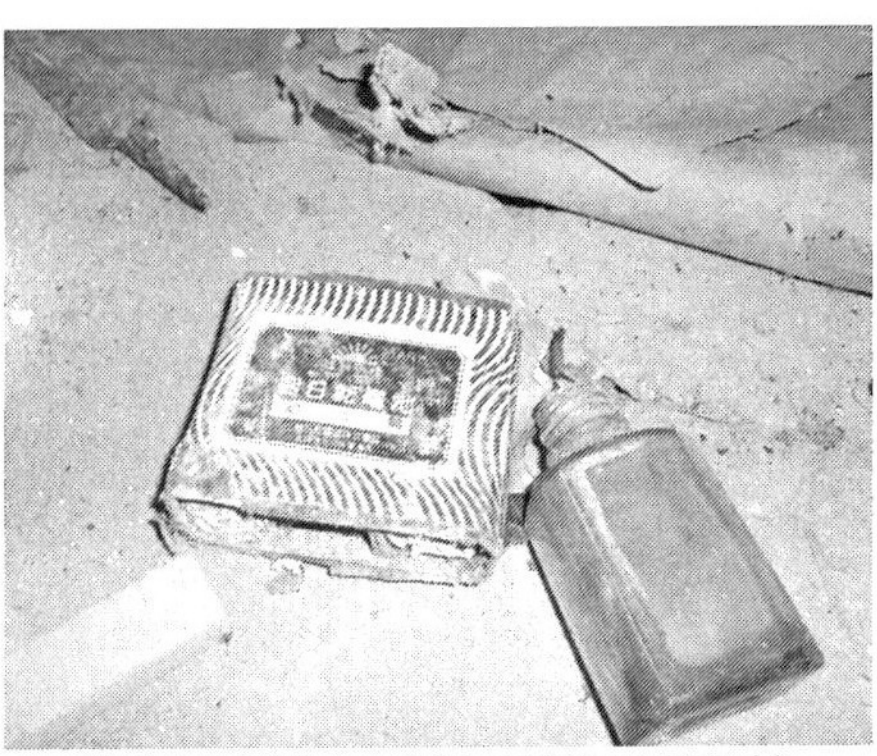

戦時中の電池の空き箱、空瓶（ロウ講堂内）
（撮影・崔善愛、2015年6月27日）

けた。

戦争の痕跡をアスファルトで覆い、頭上には近代的なモノレールを通し、空さえも見えなくなった。やがて小倉は、まるで戦争とは無縁の街のように造りかえられた。

しかし、「メモリアルクロス」は、一九五〇年小倉がふたたび軍都になったことを知らせる十字架だった。

◆「メモリアルクロス」

一九七九年、名古屋にある愛知県立芸術大学へ私が入学した十九歳の夏、小倉の家族は牧師館を出て引っ越した。その家は、小高い山の中腹にある閑静な住宅地(小文字二丁目)にあった。家の裏手は山肌になっていて、見上げれば、大きな十字架がある。その十字架は「メモリアルクロス」という呼称で知られている。

そのメモリアルクロスの真下に、母は中古の家をもとめた。この家から父は、毎日教会へ四十分ほどかけて通うことになった。引っ越して一年後のクリスマス、この家で家族が集まり、指紋押捺拒否について話し合ったのを鮮明におぼえている。

家の二階から手が届きそうなメモリアルクロスは、小倉の市街地を眼下に望む「足立山」中腹に建つ大きな銀色の十字架だが、なぜそこに大きな十字架が建っているのか、不思議に思っていた。

一昨年（二〇一三年）、なつかしくなって周辺を散歩したとき、はじめてそれが戦死した米軍兵士の慰霊碑だとわかった。

メモリアルクロスのプレートの解説には、こう記されている。

「朝鮮戦争（一九五〇～一九五三年）で戦死した国際連合軍将兵の慰霊のため、当時の駐留米軍小倉師団の司令官らにより建設された。ジュラルミン製十字架は、二十メートルあり、朝鮮半島のほうを向いている。」

UNITED NATIONS MEMORIAL CROSS
（国際連合軍記念十字架）
（北九州市 時と風の博物館HPより）

「朝鮮戦争」の戦死者の慰霊碑がなぜここに？　それも米軍兵士のための？

その瞬間、本能的に、なにか見逃

せない歴史の真実に遭遇したような気がして胸騒ぎをおぼえた。父はまさに「朝鮮戦争」の戦乱によって、祖国朝鮮を離れることになったからだ。

朝鮮半島の市民三百万人以上の死者が出た朝鮮戦争。人々は、ふろしき包みを背負って、逃げまどった。ようやく植民地支配が終わり、新しい「われらの」時代を、と意気込んでいたときだった。敗戦後、植民地朝鮮半島に「移住」していた日本人が釜山からぞくぞくと下関へ帰還した後だった。

敗戦と解放からたった数年で、朝鮮半島が戦争になるとだれが予測しただろう。すでに触れたが、父は宣川でキリスト教徒ゆえに刑務所に入れられ、十七歳で釈放された後、三八度線を越えた。

メモリアルクロスの建つ場所、家族と故郷から父を切り裂いた朝鮮戦争。その戦死者の慰霊碑の十字架の下に父が住むとは、歴史の「いたずら」のように思われた。

十字架の建つその地を選んだ母の潜在心理にはきっと、牧師館を出て自分の家を持つことに、少なからず後ろめたさのようなものがあっただろう。十字架の下ならば……と思ったのではないだろうか。いつも私はメモリアルクロスを見ながら、母の後ろめたさを思ったりしたものだった。

ところが一九八五年七月、名古屋の私の下宿に夜十時過ぎ、父から電話があった。

「家の裏の崖の様子がおかしい。大きな石が落ち始め、異様なにおいや音がする。近所の人たちにこれから声をかけ、避難するから」と早口で言った。この日の夜中、大雨による土砂崩れに遭遇し、無残にも家は全壊してしまった。

メモリアルクロスはかろうじて崩れずに踏みとどまったが、まわりの山肌がざっくりと崩れ、家に土砂がなだれこんだ。指紋押捺拒否の話し合いをしたリビングも土砂に埋まった。崩れた崖っぷちのメモリアルクロスはこの災害後、数メートル内側に移動したという。

夢の家へ引っ越した六年後、小倉教会の牧師館に戻った。父も母も、内心、戻るべきところに戻ったような安堵感さえあったかもしれない。

＊＊＊

二〇一四年十一月、私はふたたびメモリアルクロスへ、中学・高校時代の旧友、濱野みゆきさんとともに向かった。その一週間後、彼女から電話があった。

メモリアルクロスに行ったことを彼女が父親に話したところ、父・濱野延雄《はまののぶお》さん（一九三三年生）はあの当時のことを語り始めたという。

「あのころ（一九五〇年ごろ）、小倉から多くの米軍将兵が朝鮮戦争へ向かった、そして米兵の戦死者の遺体が多数運ばれてきた、ちょうど今のリーガロイヤルホテルの横にある西日本展示場のあたりだ……。米兵の遺体処理のアルバイトが日当一万円で高額やった。けど、あまりの悪臭にみな一日しかもたんかった。米兵の遺体はばらばらで、そのばらばらの遺体をひとつの身体に整えてからアメリカに次々送って……。でもね、どうしてもそろわん遺体も多数あったから、あのメモリアルクロスは、そんな米兵のための慰霊碑やった」と。

「小倉と朝鮮戦争」、このふたつがリンクした。それから私は当時のことを探り、「黒字の絵展」（松本清張記念館発行、二〇〇五年）のパンフレットにこんなことが書かれているのを見つけた。

当時、「小倉に行けば日当数千円になる仕事がある」といううわさが流れた。その仕事とは、朝鮮戦争で戦死した兵士の死体処理である。そもそも死者を火葬する日本に対し、アメリカでは死者を土葬する。この違いから、アメリカ軍のなかには戦死者の遺体を処理し送還する特殊部隊ＡＧＲＳ（米軍墓地登録部隊）が城野（小倉北区）キャンプにあった。腐敗し、破壊された戦死体はＣＩＵ（中央個別識別班）の骨格・歯型による個人特定を経て処理された。このＣＩＵの作業には、日本の人類学者、歯科医なども動員され、特定後の処理作業にも多くの日本人労働者が従事したとされる。

さらに、このパンフレットには、歯科医師・岡本正照氏（一九二九年生）の証言も掲載されていた。

「昭和二十六年（一九五一年）四月から昭和三十一年（一九五六年）まで城野キャンプに勤務しました。

朝鮮戦争が終わってからも死体処理は続きました。その頃になると白骨化した死体ばかりだったように記憶しています。現在のこっている九号倉庫が遺体の仮置き場で、今はもうなくなっているその奥の一三号倉庫で遺体の身元確認、処理が行われ、……一日の処理数は多い日で四〇体前後、遺体なく早くに帰らされることもありました。遺体は多く砂津港にあげられ、異臭の面もあり、幌つきのトラックで夜間に運び込まれていました。」

さらに、『骨を読む』（中央公論社、一九六五年）の著者、埴原和郎《はにわらかずろう》氏（一九二七年生）は、東大理学部人類学科を卒業し、一九五一年三月から六月まで、人類学者として米軍の要請を受け、城野キャンプで、戦死者の個人識別に携わったという。『骨を読む』は、その体験を記録したものだ。

こうして友人の父親・濱野延雄さん、岡本正照さん、埴原和郎さんの三人の証言はみごとに合致した。三人はみな私の父と同世代だ。

埴原氏が城野キャンプで個人識別に従事していた一九五一年六月二十三日、朝鮮戦争勃発から一年後、メモリアルクロスの除幕式が行われた。

このころ、父はといえば、朝鮮戦争の戦火を逃れ、南へ避難する最中だった。メモリアルクロスは、あくまで米軍の戦死者のための慰霊碑であって、ここからは朝鮮半島の人々の逃げまどう姿は見えてこない。

◆朝鮮戦争と小倉

あらためて思うのは、日本における朝鮮戦争への「無関心」だ。

一九五〇年六月二十五日、朝鮮戦争は勃発した。

アメリカとソ連による東西冷戦の激化によって、ふたたび朝鮮半島は戦場となった。日清戦争、日露戦争、日本の植民地支配、朝鮮戦争、すべてが朝鮮半島の占有権を奪い合う侵略だった。


一九五〇年六月、ソウル（京城）は陥落し、父はソウルから逃げた。

一方、日本駐留アメリカ軍の朝鮮派兵が始まり、その拠点である北九州には、北朝鮮戦闘機襲来の警戒と警報、灯火管制が敷かれた。

七月、「レッドパージ」（共産主義の思想・運動・政党に関係している者を公職や企業から不当解雇、追放する動き）が始まる。九月、ソウルをアメリカ軍（国連軍）が奪回。十月、同軍、平壌《ピョンヤン》を制圧。十二月、北朝鮮軍、平壌の奪回。

一九五一年一月、ソウルふたたび陥落。しかし三月ソウル奪回。以後、三八度線でこう着状態が続き、一九五三年八月、板門店《パンムンジョム》で休戦協定をアメリカとソ連が結ぶ。

朝鮮ではこのような激烈な戦いがあり、死者三百万人ともいわれる戦争があった。

日本は、この朝鮮戦争による軍事産業によって、「特需」となり、敗戦から「復興」

した。しかし、日本の戦後「復興」は、朝鮮半島の犠牲の上に立つものだった。朝鮮戦争が激化していた最中の一九五二年、サンフランシスコ講和条約によって、日本におけるアメリカ軍占領は終わった。日本は憲法九条を獲得した。対して、朝鮮半島は分断されたままだ。なんという「格差」だろう。

朝鮮戦争の米軍派兵基地として、ふたたび軍都となった小倉。日本でおそらく唯一、朝鮮戦争米兵戦死者の死体処理を日本人が行った場所。そこに流れ着いた父。米軍キャンプが小倉から接収解除されたのは一九五九年。私が生まれた年だ。一年後、私は小倉に住むようになった。

戦争による死者と生存者――みな、何のために何を思い、戦地に向かったのだろう。「国益」という言葉ほど、危険なものはない。「国益になる／ならない」。国益はその責任の所在も個人の犠牲も見えないものにしてしまう。

靖国に祀られる人々は、「国益」のために命を奪われた。そのことを、「美しい死」というとき、罪は葬り去られてしまう。

風景にたたずむメモリアルクロス。その「十字架」は、国家とキリスト教の「危険な関係」を具現したものではないだろうか。
アメリカで、九・一一後、アフガニスタンやイラクなど戦地に送られる兵士たちのために、牧師が祈りをささげていた。武器が人間に向けられるとき、牧師たちはどう祈るのだろうか。

いまも小倉駅から海を背に、門司方向の山を望めば、山頂近くに銀色の十字架が見える。小倉北区の防災マップを見ると、亡き母の夢の家は、危険区域、レッドゾーンになっている。

◆強制連行はなかった、という人へ

私は新年を迎える時期になると、かならず思い起こす人がいる。金鐘甲《キムジョンガプ》さんだ。子どものころ、毎年元旦に母のお手製の韓国の正月料理を包み、父といっしょに彼に会いに門司労災病院へ出かけた。元旦の午後の病院は、よほど病状の重い人でなければ、ほとんどの患者さんは自宅へ戻り家族と正月を祝うので、ガランとして人の気配がない。

人気のない大きな病室で、金さんはぽつんとひとり、車いすに静かに腰かけて窓の外の風景を眺めている。私たちが行くと、申し訳なさそうに少しほほ笑むが、自分から何か話すこともなく、父が韓国語で「大丈夫ですか」と尋ねると、うなずくだけだった。父がさするように彼の手を握る。その場に漂う言葉にならないあきらめのような苦しみ。幼い私にとって、ひたすら暗いひとときだった。

父のあとを追うように、金さんは一九九六年十二月九日、召天した。彼の半生が綴られた文集を読み、はじめて、なぜ、どのように彼が日本に住むようになったのかを知り、愕然とした。

一九四一年の終わり、縁談の進んでいた二十一歳の金鐘甲さんのもとに「募集」という通知がきた。息子を日本に奪われまいと何としても断ろうとした父親はこん棒で殴られ、鐘甲さんは強引にトラックに乗せられた。一歳下の従弟とともに強制連行されたのだ。

三人一組に手足をくくられたまま、八時間の船旅の後、どこに着いたかも知らされず、働かされた。(後に北海道の千島とわかる。)家族と引き裂かれ、北の果ての大地でどんなにか寒い冬であっただろうか。きつい労働の合間、賃金のことを聞いた仲間のひとりが殴られるのを止めに入って、あばら骨二本を折られた。そして突然の従弟の死を聞き、亡骸に会わせてほしいと言っても殴られるだけだった。金さんは強制労働の賃金を一度ももらっておらず、何年間も働かされた末、日本は敗戦を迎え、彼は解放された。

しかしお金もなく、言葉もわからない異国の地北海道から、どうやって国に戻れというのだろうか。それから数年後、左半身不随となってしまう。

一九九六年、二十四年四か月もの入院生活の末、家族に最後まで会うこともなく、亡くなられた（佐藤文明著『〈くに〉を超えた人びと』社会評論社より）。

日本国家によって集団拉致されたこのような朝鮮人は何万人もいて、祖国を離れたまま、さびしく死んでいった名もない骨が、いまも数多く日本のどこかに眠っている。

年に一度、お正月に会っていた金さんの過去を、私は知ろうとしなかった。それよりも自分がいかにこのような暗く重い場所から抜け出せるのか、陽のあたる明るい世界へ導いてくれるものを何とか見つけたい、という思いしかなかった。いかに多くの朝鮮人が日本人に殺され、ひどい目にあったかと聞けば聞くほど、私の日本人の友だちは違う、そんなにひどい人たちではないと、反論さえした。私がこれからともに生きていかなければならない日本人、大人たちを信じたかった。

◆永生園《ヨンセウオン》

小倉に住んでいたとき、教会の人が朝鮮から来たことを聞いていた。朝鮮半島から来た人たちに囲まれ、「強制連行」という言葉は、周りにあふれていた。

若かった私は、その言葉が自分に与えるであろう途方もない結末を漠然と恐れた。その恐怖のあまり、父が日本になぜ来たのか、どんな思いだったのか、知りたいと思わなかった。あまりにも深い闇を前にしたとき、人はその闇に向かって歩いていけるだろうか。

私は、自分を守るため、明るいほうへ、闇に落ちてしまわないように歩き始めた。

「永生園」という在日大韓小倉教会の納骨堂には、強制連行されてきた人たちの骨が納められている。

一九七二年から、父は筑豊炭鉱で亡くなった朝鮮人の骨を捜し、一九七三年、門司にある「城山霊園」に納骨堂「永生園」を建てた。炭鉱犠牲者遺骨収集交渉のため、田川、飯塚地区の寺をまわった。この年、「一五七基」が安置された。

私は中学生になるころから、新年の礼拝などでその遺骨の箱を見て、育った。けれども、そこに「強制連行」という事実があるにもかかわらず、受けとめられなかった。

名前のない骨は私に語りかける。

「こんなところで、こんなふうに死ぬはずじゃなかった。私の人生はなんだったのか、人生を返して」と。

父が亡くなり、父の骨壺が強制連行されてきた人たちの横に並んだ。そのとき、私の中で何かが大きく動いた。はじめて、心の奥から骨への愛情がわいた。

父は骨になった。しかし彼の人生は厳しくとも、何が正義であるのかを世に問い、

強制連行された人々の骨壺が並ぶ「永生園」。
（撮影・山谷典子、2015年）

全力疾走して生き抜いたものだった。日本で生きた父は、祖国を失い、家族と離散したが、新たな家族を築き、教会で働き、社会に尽くし、その命は輝いていた。

かたや強制連行されてきた人たちはどうだろうか。名前すらわからないままの骨壺、家族と最期まで引き離され、再会できず、異国の地で亡くなった。言葉の通じない国で労働させられ、逃亡できないよう監視され、柵で囲まれた。まさに奴隷状態だった。だれか彼らを救い出す人はいなかったのか。

日本へ強制連行された朝鮮出身者は、四十万人とも五十万人ともいわれる。

亡くなった人の骨が、あるお寺では、みかん箱のような箱にいっしょくたにされて放置されていた。そのあまりのずさんさを見た父は、「見なければよかった」とさえ言った。

なぜこんなに冷たく放置できるのだろうか。

「国家」の風景

違う群れの中で生きるということは、つねに相手の視線や相手の考えを察知できなければいけない。幸か不幸か、在日「外国人」といっても姿かたちは日本人と変わらない。自分の「色」をかくせば、周りから「異質」であることはわからない。私はひたすら目立たないようにふるまった。そうしてゆくうちに、無表情な子どもになっていった。

しかし、ピアノを弾くとき、どんな音を出そうかと音を探す。それは、自分の内奥にある声に耳を傾けることになる。すると、自分ががまんして、押し殺していた感情がわきあがってくる。自分の心をしばっているものを、ひとつひとつほどいてゆく。内側からわきあがる声をうまく音にのせるには、ずいぶん訓練を要し、時間がかかった。けれども、自分の声と心と身体が一致したときの喜びは、何ものにも代えがたい。ピアノという表現手段がなければ、私はずっと、思想を言葉にし、声に出すことを恐れつづけていたかもしれない。

「指紋押捺を拒否する」という行為もまた、がまんして生きる自分と訣別し、自分の生き方を獲得するための道だった。

◆指紋押捺《しもんおうなつ》

ほとんどの在日韓国・朝鮮人が、いまも通名（日本名）で暮らしている。そんな在日の家には、開けてはならない引き出しがある。

外国人登録証を登録する十六歳（一九八二年まで十四歳）になると、親はこの引き出しを重い気持ちで開き、自らの外国人登録証と緑色のパスポートを出し、「じつは、私たちは日本人ではないんだよ。朝鮮人なんだ」と、子どもに告知するときがやってくるのだ。

思春期の十六歳、大学進学あるいは就職活動を考え始める高校一年生のショックを想像できるだろうか。

私自身、十四歳になった中学二年生のとき、はじめて「外国人登録」をした。日本で生まれ、日本語しか話せず、日本しか知らないできたのに、「外国人」として登録しなければならない。納税の義務を負いながらも、公務員就職をはじめ、さまざまな権利やサービスから排除される。そして、その登録証をつねに持ち歩き、五年ごとに切り替えなければならない。

「在日」は参政権もなく居住権も不安定で、私のように三世代にわたって日本に住もうと、海外に行く前にはかならず再入国申請を行わなければならなかった。日本に生まれ育っても、「あなたは外国人、日本国民ではない」と法律が私を切り捨てるとき、私の国はどこなのだろうかといつも考えさせられる。

十四歳のとき、小倉区役所からハガキが届き、役所の奥まった場所にある外国人登録課へ行った。

四枚の書類を書き終わると、職員が黒いインクの缶を差し出し、「ここに指を出してください」と言った。戸惑っていると、職員はおもむろに私の左手の指を持ってインクにつけ、四枚の書類に指紋を押した。

押し終わった後、そこにあったわら半紙で指を拭いたが、指紋に染み込んだ黒いインクは簡単には落ちなかった。

差別の象徴といわれる「指紋押捺制度」（二〇〇〇年に全廃）は、一九五五年から実施された。当時、この制度の対象となる外国人の八割が、在日韓国・朝鮮人だった。敗戦後、日本にとどまった台湾、韓国・朝鮮人は、引きつづき日本国籍を保持することを認められていたが、一九五二年に「サンフランシスコ講和条約」が発効すると、一転して日本国籍を喪失し、「外国人」とみなされた。「外国人とみなす」という、何気ないこのひと言によって、すべての権利を奪われた。そして、十六歳の登録時と五年ごとの更新時に「指紋押捺」が義務づけられる。

指紋の紋様は、双子であっても一致することがなく、ひとりひとり違う。その種類は大きく分けて三つの型があり、日本人の約五割が渦や円の形をした「渦状紋《かじょうもん》」、約四割は馬の蹄のように線が同じ方向に戻る「蹄状紋《ていじょうもん》」、そして、山のような線を描く

「弓状紋《きょうじょうもん》」がある。（「東京新聞」二〇一一年九月七日、参照）

駐車違反などで警察に捕まると「印鑑がなければ母印をお願いします」と警察に言われることがあるが、日本では遺書や借用書など重要な証文に、母印を押す習慣がある。

「母印」と「指紋」は、ほぼ同じようなものだが、指紋が犯罪捜査に活用されるようになったのは、約百十五年前にさかのぼる。

指紋にはじめて着目したのは、ヘンリー・フォールズ（一八四三〜一九三〇年）というプロテスタントの英国人宣教師だった。フォールズは一八七四年から、十二年間、日本に医師・宣教師として滞在していた。

フォールズは、関心を寄せていた縄文土器の発掘とその分類過程で、土器に刻まれた指先の紋様がそれぞれ違うことに気づき、数千人の指紋を収集し、その結果、「万人不同・修正不変」という特性を実証した。

一八八六年、英国に帰国したフォールズは、ロンドン警視庁に指紋鑑定導入を訴えるも、すでにロンドン警視庁は独自の指紋鑑定方法を検討しており、一九〇一年、指紋鑑定が世界ではじめて採用された。

「協和会会員章」
この手帳は戦時中の1940年から、特高警察などが朝鮮人を管理するために持たせたもの。「日本の国体に協力する」という意味で、この手帳の常時携帯を義務づけられた。
就労・列車乗車中・食糧配給などのとき、かならず提示しなければならなかった。

当時、英国が植民地支配をすすめていた南アフリカ連邦では、すべてのインド人に対して、指紋押捺のある身分証明書の「常時携帯」を要求するバス法があった。これは、日本の外国人登録法にとてもよく似ている。ゆえに、指紋をとられた身分証の常時携帯は、植民地支配の象徴となった。

非暴力平和主義を貫いたマハトマ・ガンディは、一九〇七年、英国の警察に対して、「私たちは犯罪者ではない。私たちには自尊心があるから、指紋は渡さない」と抗議した。

日本で犯罪捜査に指紋が導入されたのは、一九〇八年、刑法改正を機に、累犯者識別方法として指紋による鑑識法が採用された。

そして一九一〇年、日本は武力で韓国を併合した。さらに一九三二年三月、偽「満州国」を建てた。同年十一月、偽「満州国」において、指紋付き居住証が発給される。これは日本の植民地支配に抵抗する「抗日」部隊の監視、管理するという目的があった。

二〇一五年一月二十六日に逝去した憲法学者、奥平康弘《おくだいらやすひろ》先生（一九二九〜二〇一五年）は、岡山地裁における姜博《カンパク》氏指紋拒否裁判でこのような証言をしておられる。

「プライバシーの権利の前提に、心の平和（Peace of Mind）を乱されないというものがあり、心の平和を逆にいうと、特に、在日朝鮮人の関係では、かつて植民地であったこと、支配を受けてきたこと、というマイナス遺産の中で、罪人扱いされるという屈辱感というものである。しかも、（指紋押捺制度は）戦前、戦後続いており、戦前は法律上の根拠なく、特高警察によって、在日朝鮮人は特別要視察人とされ、必要ある都度、指紋を採れ、という指令がなされていた。指紋を採取するという行為は、在日朝鮮人に対して、徹底的に屈辱感を与え、精神的苦痛と服従を強いることである。」

指紋押捺という行為がとりわけ植民地支配の屈辱を想起させるものであることを、奥平康弘先生は訴えておられた。

◆「指紋は押さない」（拙著『「自分の国」を問い続けて』岩波ブックレットより）

私に指紋押捺拒否の決断を促したのは、大学時代に知り合った被差別部落の友だちだった。

大学二年のとき、後輩の女性から「崔さん、ちょっと相談したいことがある」と言われ、彼女の部屋に連れて行かれた。彼女は、とても言いづらそうに、「じつは私、部落出身なの」とぽつりと言った。

彼女はさらに、「私はいま、結婚したい人がいるんだけど、彼に自分が部落出身であることを言わないと嘘をついているみたいだし、かといって、話せば彼の気持ちが変わるんじゃないか、それが怖い。どうしたら良いのだろう……。生まれてからずっと、絶対に部落出身者であることを人に話してはいけない、そう両親に育てられてきたの。はじめて、きょう話した。それは、あなたが日本人ではないから」と言った。

私はその話を聞きながら、ただ怒りが身体からわいた。自分がどんなに在日だと差別されても、怒りを覚えたことは一度もなかった。むしろ、そういうものなんだと思っていた。

けれども、被差別部落出身者であると人に知られたら……と脅えながら過ごしている彼女の姿を見たとき、法や制度は変わっているのに、いまもまだ、私より若い人が目の前で苦しんでいるのはなぜなのか。

私は、「被差別部落」の存在を知っていながらも、そこに近づくことも、知ろうともしなかった。何もせずその前を通り過ぎていた。

私に何ができるのかと考えたとき、六つ下の妹が十四歳になり「指紋を押したくない」と言い始めた言葉がつながった。

「指紋は押さない。日本人の友だちはだれも押していないのに、なぜ私だけ押さなければいけないの？　だから、押さない。」

私は指紋を取られるのは当然のことだと思っていた。それでも強く生きていこう、そう思っていた。「私たちが正しく、きちんと勉強して、真面目に働いていくことで認めてもらうしかないんだよ。指紋押捺拒否するなんて法律違反だから、大変なことになるよ。だからそんなこと言わないで」と、むしろ妹を諭していた。

しかし、それははたして正しかったのだろうか、と友だちと出会い、問い直し始めたのだ。ほんとうは私も痛かったのだ。私たちが痛みを我慢することによって、その痛みがくり返されていく。そうであるならば何とかしなくては。この指紋押捺制度に「何もしない」で次世代に引き継ぐことは、差別を引き継がせることではないか、と。

そして、二十一歳のとき、指紋押捺拒否をした。

このことが新聞に大きく取り上げられ、「在日三世指紋押捺拒否者・崔善愛《チエソンエ》」という見出しが全国に――。それから、いろんな手紙が届くようになった。私の写真がマジックで真っ黒に塗りつぶされたり、かみそりが入った脅迫の手紙もあったりした。「いまから殺す」という電話もかかってきた。

裁判が始まった。私は、意見陳述をした。二十一歳、まだ自分の思想を語るには早すぎる、そんな気持ちだった。私はまだ何も知らない、こんな未熟なままで裁判所に立つことが怖かった。何とかしなければ……、このままではいけない、後にはもう戻れない、その一念で被告席に立っていた。

いまからもう三十年以上前の意見陳述を、ここに再録する。

■戦争の傷あと（「意見陳述書」より）　一九八五年五月

法律というルールを守らないことは、裁判官、検察の人にとってだけでなく私にとっても心外です。しかし裁判にふみきったのは、この裁判において、守らなかったという事実ではなく真実を見ていただきたかったからです。

戦争によって、人びとはその身体を滅ぼしただけでなく、その精神をも傷つけあいました。それは私よりも皆さんのほうがよくご存じかと思います。私がこの二〇年学んだことはその傷が今もなお、癒されていないということです。

それはむしろ、戦争という見える形から、見えない人の心の中へと移り住み、戦争を知らない私たちをも、引きずり込んでいます。人の心に戦争の思いがまだ住んでいるからです。そんな人びとが、子どもを育て、社会をつくり、法をつくったからです。戦争をした人びとが立てた法に、戦争を知らない私たちが、従っています。

私が指紋押捺に屈辱を感じるのは、その裏に、戦争を起こし、おこない、侵略した、そのときの人の心を見るからです。

検察官の方は「指紋は同一性の確認にもっとも有効な手段である」とか「印鑑と同じ意味合いを持つから、人の尊厳を傷つけるものではない」とおっしゃいましたが、私は指紋という手段云々《うんぬん》についてお話ししているのではなく、指紋を取るに至った感情について、問うています。もしも指紋押捺がもっとも有効な手段なら、日本人自ら、写真や印鑑ではなく、指紋を取られてもよいはずです。しかし、そうしないのはなぜでしょうか。

戦争感情の清算されていない日韓関係の中、植民地時代に日本人が韓国・朝鮮人を支配し侵略したように、今指紋によって、自分の国の持ち物のように、私たちの感情を無視し、服従させようとしていませんか。

検察の方、私は取り締まりを受け、管理されるために生きているロボットではありません。あなたと同様、笑ったり、泣いたり、喜んだり、怒ったりする感情を持った人間です。指紋を取っている人にも、ある感情があると思います。取られた人にもその感情が伝わり、私たちはそれを感じて、拒んでいます。私が拒否しているのは、指紋というわざではなく、指紋を取っている人の感情です。その人の感情、意識が変われば、「わざ」も変わってくると思います。

「被告らの法無視の態度は著しい」という罰金二万円の求刑は、納得できません。

私は法を無視していません。無視できないから拒否しました。この法律についてよく考えました。できることならルールは守りたいと思っています。考えぬいた末、決意し、話し合いたいと思っているだけで、法を無視しようなどと思ったことはありません。選挙権も発言の場所もない私たちには、こうやって表すしかなかったからです。

指紋は、日本の歴史が生んだある感情に裏付けられ、もっと大変なことに、その感情が今も、指紋押捺という「わざ」によって繰り返され、歴史を生み出しているということです。

私たちは、私たちで歴史をつくっています。とくに裁判においては、個人のレベルではない日本の国としての歴史をつくっています。この判決もまた、日本の歴史をつくり、残すでしょう。

＊

今までの私は、自分の苦しさを抑え、我慢する教育を受けてきました。しかしその教育にピリオドを打ち、その苦しさを表し合う教育を始めたい。

それは、お互い、その苦しさはどこからきているのか、もっとよく見つめ、より良い関係をつくり成長するためです。その苦しさを隠し、表せない社会に成長はありません。私は苦しみ、それと闘う姿こそ真実であると思います。

「象がネズミを噛んでも、ネズミが象を噛んでも、どちらにしても痛いのはネズミだけ」といいます。今私は、日本の法という大きな象を噛んでいます。はじめ、国の権力は何も感じなかったでしょう。痛いのは私たちだけでした。しかし今では、多くのネズミが、その身体と人生をかけて同じ象を噛んでいます。噛んでも噛まれても痛いなら、噛まれて自分を失うよりも、噛んで自分を取り戻したいと思うからです。

私たちにできるのは、痛いといって表すだけです。その痛みに気づいてもらうために私は指紋押捺を拒否しました。

私は、自分の名前も育った環境も裁判によって公表され、再入国も不許可（いったん日本を出ると在留資格を失う）になり、たしかに以前の私よりも傷つけられているようにみえるかもしれません。前の私は表面的には傷ついて見えませんでしたが、よく正直に自分を見ると、その傷は深く、自分の力で癒すことのできないものでした。今私は、外側から傷つけられても、内なる傷はその苦しみを表すことによって、回復に向かっています。その苦しみを抑え我慢する痛みの方が深いのです。

その痛みのわかる裁判であったでしょうか。

「事実は真実の敵なり」という言葉がありますが、私という事実もこの二〇年間、周りに合わせることだけを考え、本当の姿から遠ざかっていました。真実を知りながらもそれを現実のものにしようとする努力をしませんでした。まさに敵は自分の心の中にもあります。そんな自分と葛藤をしつづけることが大切なのではないでしょうか。

この判決は多くの人に、ある事実、現実を知らせるでしょう、しかしそれが本当に真実でしょうか。何が真実であり正義であるか、もう裁判官はご存じと思います。

立場や形を守ることにとどまらず、人の痛みを無視しない判決を期待します。

今まで指紋を取られながら死んでいった祖父母たちの誇りを取り戻してあげたい。そしてこれから生まれてくる子どもたちに、絶望より希望を与えられる社会にするために努力したい。

現行法を拒否した私が罪なのか、現行法が戦争という罪から出ているのか、考えて下さい。そして弱い立場の人にとって、フェアな判決を信じ、期待します。最後に、私の後ろに座っている支援者の方々をはじめ、人の痛みを無視せず、その痛みと闘い、苦しんでいる皆様の勇気と努力に敬意を表し、この裁判によって、自らが成長させられたことに感謝し、私の最終意見陳述とします。

◇◇◇◇◇◇◇◇◇◇◇◇◇◇◇◇◇◇◇◇◇◇◇◇◇◇◇◇

この最終意見陳述をした一審では、有罪判決（罰金一万円）。その後の控訴審の判決は、「何人も、みだりに指紋を採取されない自由を有するが、指紋押捺制度は、公共の福祉のためやむをえない制約で、外国人への不当な差別に当たらず、合憲である」とし、一審の有罪判決を支持した。

裁判所は、「私は傷つけられているのです」という叫び声に耳をふさぎ、「公共の福祉」という外国人には太刀打ちできそうもないものを振りかざす。「公共の福祉」という言葉が私を苦しめた。

◆再入国不許可

指紋押捺拒否が全国各地で飛び火のように広がった。とりわけ若者たちが立ち上がった。このことは、だれも予想していなかった。拒否者の数が連日のように新聞に報じられた。やがてその数は日本全国で一万六千人にもなり、指紋押捺拒否という抵抗の炎は、燃えうつる野火のようだった。戦後、いや、戦前も含めて、在日韓国・朝鮮人問題としては、前代未聞の事態であった。

焦った法務大臣は一九八二年十月、指紋押捺を拒否した在日「外国人」に対して、旅行などで日本を出国する際にかならず必要になっていた再入国許可の申請を認めない、つまり不許可にするという制裁を始めた。

再入国申請は、海外渡航の際に、日本への帰国の「保障」であり、それまでの在留資格の保持のため必要だった。ゆえに、再入国が「不許可」になれば、居住の資格さえ失うことを意味した。

名古屋で大学生活を終えようとしていた私はアメリカ留学を望み、準備を始めていた。しかし指紋押捺拒否が裁判となり、そのことで法務大臣が私の再入国を許可しなければ、日本に戻って来られなくなる可能性が出てきた。もし私が指紋押捺に応じれば、再入国は許可される。しかし、どうしてもそれはできなかった。もし指紋を押せば、これまで訴えたすべての努力が無駄になり、水泡と帰す。

三年間迷い、悩み、私はいよいよ覚悟を決めた。たとえ日本に再入国できなくても、アメリカに行こう、と。

一九八六年八月、私は、成田空港で外国人登録証を没収された。常時携帯を義務づけられていた「外国人登録証」、指紋不押捺と指紋欄に書かれたそのカードを、没収されたとき、私の身体は凍った。自分を証明するものがなくなる、ああ、私はこの国で、末梢され、いないもの、となってしまうのか。

さらに出国手続きの窓口の人に別室へ連れて行かれ、「再入国が不許可のまま出国すると永住権がなくなりますが、いいですね。そのことを承諾するこの書類にサインしてください」と言われた。

私が答える前に父が、「承諾もしていないし、永住権がなくなることも認めない。

裁判を起こして出国する」と、大きな声ではなかったが、父の悲しみがにじみ出るような声で係員に言った。

父や母、家族にしてみれば、帰る保証のない娘を見送るのはつらかったであろうことが、自分が親になったいま、よくわかる。長女はいまちょうど、私が指紋押捺拒否をした年齢だ。もし彼女が帰国できないという留学を選択したとすれば――そう考えた瞬間、私の身体は凍った。

私はアメリカへ出国した。一九八六年十月、本人不在の裁判が始まった。アメリカから意見陳述書を送った。裁判所で、支援者を前に、父が声をつまらせながら代読した。このとき、私は二十六歳であった。

◇◇◇◇◇◇◇◇◇◇◇◇

■なぜ再入国不許可なのか（意見陳述書）

一九八〇年、今から六年前、指紋押捺拒否に踏み切ったとき、まさかこの私が再入国不許可のまま、ここアメリカに来ることになろうとは、夢にも思いませんでした。

◇◇◇

一九八六年六月二四日、再入国不許可処分を受け、小倉から名古屋に戻る新幹線の中、そして七月二九日、アメリカ大使館のビザを得て帰る道、不許可のまま日本を離れるさびしさに、どんなに泣いたことでしょう。今でもタイプライターを打つ音の中で、再入国不許可という文字が頭をよぎるとき、胸が苦しくなるのを必死にかき消しています。人前で泣くことの少なかった私も、この一年、本当によく泣きました。この陳述書を書こうとするだけで、涙を止めることができないほどです。しかし帰ることを信じなければ、私は何を思ってアメリカに来ることができたでしょう。また、不許可でなければ、こんなにも日本にいる人びとへの郷愁を持たなかったかもしれません。家族や友人の写真もつらくて直視できないほどです。……

日本は私の国、母国であることを、この裁判で訴えたいと思います。……私が九歳の一九六七年一〇月一日、協定永住許可書第一二五六九四号を得ています。

一九八二年、指紋押捺拒否運動が拡がるにつれて、政府は善処するといいつつ、再入国不許可という手段で、ねずみ退治を始めました。

政府の思惑どおり、押捺拒否をした人は、ねずみ取りのかごに閉じ込められました。朝鮮、韓国からきた祖父母たちにとって唯一の楽しみである祖国を訪れることさえも、指紋押捺拒否によって奪われています。力で日本に連れて来て働かせておきながら、今度は祖国に戻れないようにするとは、本当に人間のなせるわざかと、感情的になってしまいます。

私も、ここ異国アメリカにいると、故郷を思う気持ちが以前よりもよくわかります。

自分の家に戻る権利を、どうして、だれが奪えるものなのでしょうか。私がたとえどんなに罪深く弱い人間であったとしても、私の生きている限り、家族や友人のいる私の故郷は日本です。

福岡地裁で私は指紋押捺拒否によって一万円の罰金という有罪判決を受けましたが、これが、家に帰さないという刑になぜなるのでしょうか。

＊

私は日本で、あきらめる教育、とけこむ教育を受けたと思います。自分は本当は何をしたいのかわからなくなり、あきらめている自分にさえ気づかなくなっています。こういうものだ、というひとつの型を与えられ、それをコピーしなければ、まちがっている、悪いのは自分かのように教育されました。自分の思っていることを正直にいうことの何と難しい国なのでしょう。自分の本当の気持ちさえわからなくなり、無意識のうちにそれを処理してしまっていることにさえ、気づかないでいるのです。

人や社会の目だけが基準となり、それにどうやって合わせていくか、それだけです。けれども私はそれで自分が本当に生かされているとは思いません。結果的に不可能だということばかりを教えられ、「無理だ、できない」といろいろなことをあきらめることがうまく生きていくことだと、社会は教えています。たしかに、自分に正直になればなるほど、社会とのズレやギャップを埋められず苦しむでしょう。しかし、いつも満たされず、何とかしよう、これではいけないと思うのは、希望を求めているからこそなのです。

アメリカに来て本当に良かったと思う瞬間があります。本当に心に響く演奏に出合ったとき、地図の上でしか知らなかった国の人びとと話すとき、韓国籍である私は行くことのできない共産圏の人と同じ音楽を演奏し合うとき、韓国から来た韓国人とお互いの歴史を語るとき、いろいろあったけれども、そしてこれからもどんな困難があっても、本当に来て良かったと思っています。

どんなに貧しい国、いろいろな問題をかかえ、ほとんど亡命に近い形で来た人であっても、皆自分の国を愛しています。私は日本がどんな国であっても、私をどんなに苦しめても、日本は私が最も愛し、なつかしく思う国です。日本が私を追放しても、私は最後まで愛しつづけます。私を育ててくれた両親、先生、友人を私は尊敬しているし、私の感性は日本の自然によってつくりあげられたので、私を愛することは、日本を愛することだからです。

最後に、私の肉声でこの意見陳述書を読み上げられないのは残念ですが、本当に郷愁を誘う異国の秋空の下で、私は必ず日本に帰ることを信じ、日本人の奪う愛ではなく、与える愛を本当に小さな私に示してくださることを信じて待っています。

帰国したい一心で、この意見陳述書を書いたが、敗訴だった。

一九八八年六月、外国人登録法の改正があり、指紋押捺を一度でもしていれば再入国は許可されることになった。私は二度も押捺をしていたので、帰国の期待に胸を膨らませてロサンゼルス空港に行った。けれども、搭乗を拒否される。それから、日本大使館まで出向いたが、旅行者としての入国しか認められなかった。

途方に暮れていると、大韓航空に勤めている知人から、成田経由のソウル便の切符で、日本の成田に乗り換え乗客としてなら入国できる、という「知恵」を授かった。

六月二十二日、成田空港に到着すると、記者たちに囲まれ、記者会見をした。それから入国手続きに向かった。別室で口頭審査を受け、半日ほど待たされた。そして係員が「百八十日特別許可」と判を押されたパスポートを私に差し出した。

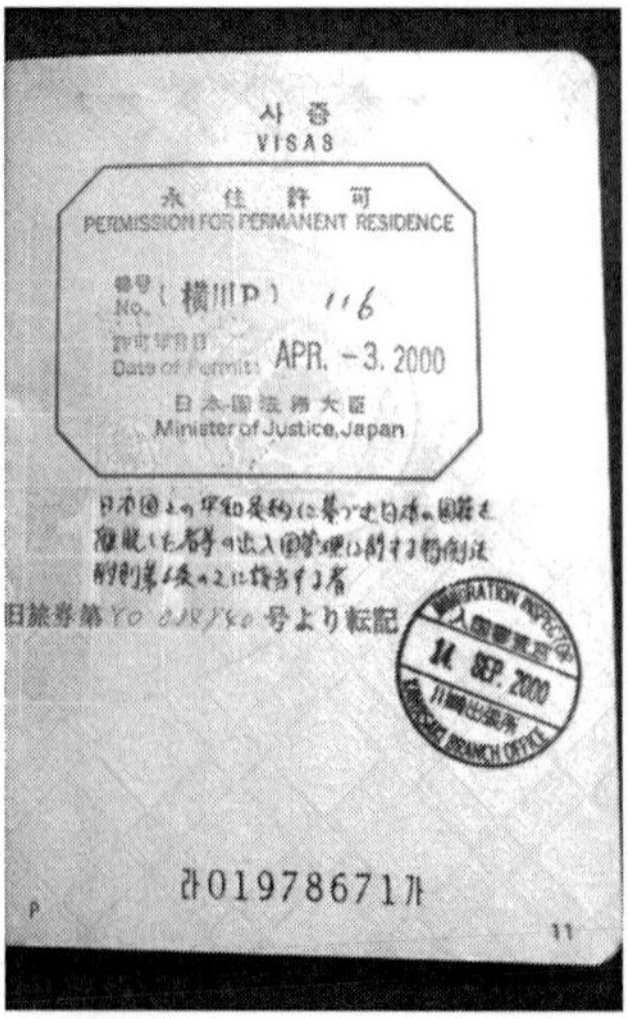

「日本国との平和条約に基づき日本の国籍を離脱した者等の出入国管理に関する特例法附則第6条の2に該当する者」と書かれたこの時のパスポート。

日本で生まれ育った私は、この時点で永住者から一転して、「新規入国者」となってしまった。日本での三十年間が消えてしまったかのようだった。

この、再入国不許可の「帰国騒ぎ」に先立ち、父は、法務大臣宛てに、以下の請願書を提出していた。

◇◇◇◇◇◇◇◇◇◇◇◇◇◇◇◇◇◇◇◇◇◇◇◇◇◇◇◇◇◇◇◇◇◇◇◇

法務大臣　殿

「協定永住許可」身分を保持するため、次の書類を提出します。
一　再入国許可の有効期間延長許可申請書
延長を希望する期間及び理由
「協定永住許可」身分を保持するため。
二　在学証明書コピー　Indiana University
三　到着手紙封筒コピー

私は、一九八六年六月二四日、再入国不許可（指紋押捺拒否により）となり、一九八六年八月一四日、再入国不許可処分取り消し訴訟を福岡地裁に提起、一九八六年八月一四日、留学のためアメリカに来ました。一九八七年五月二九日、ニューヨーク総領事館を訪問、上記の書類を提出しようとしましたが、再入国許可がないので受け付けされず、一九八七年六月一日、日・北米キリスト教宣教協力委員会（JNCA）総務牧師 B. NorThup 博士と共に再度、ニューヨーク総領事館を訪問、書類を提出しましたが、受け付けてもらえず、福岡入国管理局小倉港出張所に提出（一九八七年六月二二日、午後一時）いたしましたが、再度確実にするため、書留（郵便）で書類を送付いたしますので、よろしくおねがいします。

一九八七年六月二十二日　　崔　善愛

崔善愛の依頼により、文書を作成しました。

作成者（父）崔　昌華

◇◇

父は、なんとか私の帰国を実現するため、小倉の、あの小倉港出張所にこの文書を提出していた。

この法務大臣への要請が功を奏した、ということにはならず、成田空港で、私は、「新規入国者」、百八十日の特別在留に「転落」してしまった。父も、指紋押捺を拒否したことで在留許可期間三年から一年に「転落」していた。在留許可は三年が最長である。このように、国家を相手に訴えれば、在留を短縮させられたり、再入国「不許可」にされたりする。国家は、その権力を最大限に行使し、もの言う者を襲う。人権を取り戻す闘いとは、国家とのせめぎ合いだった。

◆「恩赦」

指紋押捺拒否の裁判は、一九八九年、昭和天皇死去に伴う「恩赦」となった。全国で公判中の被告三十三人全員が恩赦を拒否した。私もその中のひとりだ。

同年六月三十日、検察側が大赦令《たいしゃれい》に基づく免訴判決を求めたのに対し、父と私は最高裁判所第二小法廷（藤島昭裁判長）での弁論で、無罪判決を求めた。

この弁論で「指紋押捺制度は違憲であり、最近の外登法『改正』でも本質は変わっていない。天皇の名のもとに朝鮮植民地支配が行われた歴史を顧みれば、天皇の名のもとに恩赦を受けるのは屈辱だ。裁判で外国人登録法の不当性が明らかになる中で論議を打ち切り、免訴判決することは歴史の封殺である」と父は訴えた。

しかし同年七月十四日、かつて一万人以上の指紋押捺拒否者の闘いは、「免訴」という想定外の形で、幕を閉じた。

父と私が出廷した最高裁の出した判決は、「免訴」の言い渡しのみの、まったく心の通わないものだったが、広島高裁の裁判長はこう述べた。

「裁判官は判決の中でしか語ることは許されていないが、その禁を犯す」と語った後、在日朝鮮人ではじめて弁護士になった金敬得《キムキヨンドク》氏もかつて大学生になるまで本名を名乗れなかったことに触れ、「常識として、そんなことがあっていいのかとだれもが考える」。今回免訴判決が「舞台途中で幕が引かれたことは残念だが、訴えるところがなかった彼らの悲しみは、とにかくも訴えるという形にできた」、「思想、信条、人種差別をしてはいけないことはだれにでもわかっているのに、なぜ人種を超えて、みんなが手を握り合えないのか」、「指紋押捺拒否の背景には、自分の意思で好んでこの国に住んでいるのではない在日韓国・朝鮮人の問題がある。そのことが私たちの心に突き刺さる」。

斎藤昭裁判長（当時）は、個人的な見解とことわった上、このような異例の所感を残したのである。

一九八〇年代、多くの在日が、その人生を賭けて指紋押捺を拒否した。目の前の未来が、崩れてゆく音がした。

「拒否」するとき、私はもてる最大の勇気を奮い立たせた。見返りのない道を選んだのだ。そして、まさかの「免訴」。有罪でも無罪でもなく、天皇制が突然、自分の前に立ち現れた本末転倒な決着。この国の、天皇制の恐ろしさをつきつけられた。

しかしそれでも、この広島高裁岡山支部の斎藤昭裁判長のような、たったひとりであったとしても、良心の声にたどりつけた。私は、指紋押捺拒否裁判の、ささやかな意味をかみしめた。

◆国会の参議院へ

一九九九年四月、私は妹の善恵《ソンヘ》と表参道の駅で待ち合わせ、地下鉄・半蔵門線に乗り永田町に向かった。参考人として意見陳述をするため、国会の参議院法務委員会に「招かれ」たためだった。地下鉄の車中、妹に二週間で書き上げた原稿を見せた。「在日の置かれている状況がこれで伝わると思う？　ああ、緊張してどうかなりそう……。舞台でピアノを演奏する緊張感以上のものがあるわ」と言うと、「お姉ちゃんの背中に十字架が見えるよ」と半分笑って言った。

二十一歳のときに指紋押捺拒否をしてから、裁判所に通い、何度も意見陳述をした。地裁と高裁で敗訴、最高裁で免訴となった。どんなに言葉を尽くし、心の底から訴えても、「指紋は犯罪捜査に有効である」「外国人は公共の福祉にかんがみて、多少の人権侵害はやむをえない」などという言葉ではねのけられてきた。

それは、日本が朝鮮半島を植民地支配した三十六年間の結果としての「在日」の感情をはねのけられたのと同じだった。

最高裁判所は皇居の前にある。隣には国立劇場がある。私はその場所に被告として一度、原告として二度、立った。最高裁判所は、どこからこんな大きな石を運んできたかと思うほどで、それはまるで石棺のようでもある。

最高裁へは半蔵門の駅から国立劇場の前の坂を少し下ってゆく。その坂の先に目を向けると、三角屋根のあの国会議事堂が見える。

国会議事堂の赤いじゅうたんを踏みしめた。参議院法務委員会出席のため、控え室に通されて、「参考人」と書かれた運動会の来賓のようなリボンをつけた。交通費といくらか謝礼のようなものも支給された。裁判所とはずいぶん違った。法務委員会の荒木清寛《あらききよひろ》委員長が、あいさつにこられた。やさしい笑顔の紳士だった。

緊張が少しほぐれていった。しかし、私は、いよいよ国会の参議院法務委員会で、外国人登録法の指紋押捺制度の廃止をめぐる論議にあたって、在日三世として意見を述べることになった。正式には、こんな法律案だ。

「外国人登録法の一部を改正する法律案」（閣法第七十九号）、「出入国管理及び難民認定法の一部を改正する法律案」（閣法第八十号）、両案一括、参議院先議とされた。

指紋押捺拒否から二十年、司法で指紋押捺制度は裁かれなかった。しかし、指紋押捺制度の廃止が法務委員会でもちあがった。

◆参議院法務委員会・参考人証言（一九九九年四月二十二日）

私は、大阪で生まれ、北九州で育ち、現在横浜に住む在日三世です。……私は、指紋押捺拒否を理由に不本意にも協定永住権を奪われました。その経過をこの場でお話しすることにより、在日の永住権の脅かされた状況を知っていただき、ご理解いただいた上で、外国人登録法、出入国管理法、再入国制度そのものの必要性を見直していただきたい。そして、できることなら私の持っていた永住権を行政の力で原状回復することができればという願いをもって、きょうここに座っています。……

人権というものは手にとって見えるものではなく、感じ取るものだと思います。傷つけた者には、目の前で血が流れるわけではないのでわかりにくいかもしれません。だからこそ、相手の身に自分を置きかえて考えることが大切なのだと思います。

人が命を与えられ、生まれてみると、日本人であったり韓国人であったりと、さまざまな異なる条件を与えられ生まれてきます。また、その多様性は今日ますます複雑になってきています。だからこそ、人としての基本的な権利が保障されていることがとても大事なのでしょう。

世界中、どこの国にも差別はあると思います。黒人同士、白人同士、そしてアジアの人もお互いに差別し合い、また差別された者も差別しないとは限りません。それが人の弱さでありネーチャーであるからこそ、法は善を行い、平等を約束しなければならず、今こそそのことが必要なのだと痛感します。

もし、あるとき韓国が日本を併合すると言い、あなたの名前が韓国の名前に変えられ韓国語を話すように強要されたとしたら、そして日本の歌も歌えず韓国の歴史教育を強いられ、それが三十五年間続いたとしたら、生まれたばかりの子どもが三十五歳になるまでそんな中で成長したらどうなるでしょうか。一九一〇年から四五年まで三十五年間に及んだ日韓併合とは、私などの想像を超えるものだったと思います。日韓の二〇世紀最悪の歴史の一つではなかったでしょうか。

私たち戦後生まれの者は、体験していないことを想像することでしかその痛みに気づくことはできません。私もこの歴史の意味がわからず、幼いころ、自分の韓国の名前に誇りが持てず、恥ずかしい劣ったものだと思っていました。在日のほとんどの人が本名ではなく日本名を名乗ろうとするのは、わが子をつらい目に遭わせたくないと思う親心や、日本名にしないと仕事もなく生きていけないという社会だからです。それでも、かろうじて韓国籍を維持することによって、何とか失われたプライドを取り戻そうとしているのだと思います。……

きょうここでこのような正直な意見を述べることで、三年の滞留期間が理由を明らかにされることもなく、一年に短縮されるのではないかという恐怖を持ちながら臨んでいます。これらの恐怖は、在日すべての人が日常の中で感じているものです。私が自分の人生をかけ指紋押捺を拒否し、自らの夢を実現しようとしたことは、間違っていたのでしょうか。

最後に、私の永住権の原状回復と今回の審議が真実に意味のあるものとなるよう、また過去の歴史を乗り越えられるものになるよう願ってやみません。

◇◇◇◇◇◇◇◇◇◇◇◇◇◇◇◇◇◇◇◇◇◇◇◇◇◇◇◇◇◇◇◇◇◇◇

私にとって国家とは、あの小倉の法務局であり、入管であり、それは、皇居前にある最高裁へと続いているものだった。法務大臣と二十年間闘っても、法務大臣に会うことはなかった。そして、大臣は次々に変わった。私は、目には見えない「国家」という幻を相手に、訴えていたのかもしれない。国会での意見陳述後、陣内法務大臣

(当時)に会ったとき、身体の力がぬけた。

こんな普通のおじさんを私は「国家」と恐れ、必死で抗い、永住権を失い、泣く泣く日本を離れ、二十歳から四十歳までの「黄金時代」をささげたのか、と。

いや、陣内法務大臣もまた「国家」なるものに仕えていたのではないだろうか。国家とは、途方もなく遠いどこかにあって、私たちの手の届かない、押しても引いても動くことのないもの、そんなふうに思われてならない。国家と自分とは別のものと切り離しているうち、責任の所在さえ見えなくしてしまう。国家を触ることも国家へ話しかけることもできない。その感覚が、受け身の感性をつくっている。

国家を自分の延長線上で考えないかぎり、戦争の責任を問うことはできず、責任を問われないということは、まだその状態が続いているということではないか。

＊　＊　＊

あれから二十五年が経った。

二〇一三年六月、中川明弁護士の『寛容と人権』(岩波書店)の出版記念会で、私は奥平康弘先生に三十年ぶりに再会した。奥平先生は、こう声をかけてくださった。

「ずっとあなたのことを遠くから見守っていましたよ。」

「指紋押捺拒否」という行動について、なかなか理解されないことを、私は悩んできた。そのすべてを奥平先生は見通しておられた。この国で、少数者の人権を訴えることが、いかに孤独な闘いであるか、先生は深いまなざしで「知っているよ。あなたもよく闘ったね」と言ってくださっているように感じられて、涙がとまらなかった。

出版記念会の帰り道、ひとり歩きながら、夜空を見上げ、奥平先生の言葉を父と母に報告した。

◆玄界灘

私は指紋押捺拒否をして以来、裁判を通して国家という何ものかに出合った。それは、とてもひとりでどうこうできるような相手ではなかった。

指紋押捺拒否によって、小倉北区役所に告発されたが、検察に「略式でいきましょう」と言われた。五千円払えば、なかったことにする、という意味だった。私は岐路に立たされた。裁判にするか、五千円払うか。どうしてもお金を払う気にはなれなかった。

二十一歳で被告席に立つことになろうとは……。もし父や何人もの人の支援がなかったとしたら、ひとりではとても裁判所に立つことはできなかっただろう。

裁判のとき、あるいは区役所で指紋押捺を拒否するとき、あるいは、入管で再入国を申請するとき、加藤慶二《かとうけいじ》さん、犬養光博《いぬかいみつひろ》牧師、島田雅美《しまだまさみ》さん、兼崎暉《かねさきひかる》さん……が私の前に、横に、後ろに立ち、守ってくれた。

一九八九年、最高裁で「恩赦」を言い渡されたときも、九州から島田さんと加藤さんが、夜行列車で来てくださった。ほんとうに心強かった。

最高裁での判決は、いつもあっという間に言い渡される。幻を見たのか、というほど短い。判決にのぞむまでの私たちの長い道のりを、あなたはそんな短い言葉で、終わらせるのですか……あまりにも無情だ、そう思ったが、声も出なかった。言葉が出せるような場所ではなかった。

裁判所の頑強な石の塊から、外の風にあたり、車の音を聞いたとき、ああ、また変わらない日常へ戻る、指紋押捺拒否の長かった日々も、日常へと埋もれていくのだろう、そう思った。

最高裁から私たちは言葉もなく、東京駅方面に向かう途中、デパートのような建物の壁面の電光掲示板のニュース速報で、「指紋押捺拒否最高裁・免訴」というような大きな文字が映しだされたのを見た。ああ、これからどうなるんだろうか、とぼうっとしていると、加藤慶二さんが「そんえさん、これからどうするね」と小倉弁で聞く。このとき私は、特別在留百八十日だった。

加藤さんはいつも裁判のときそばにいてくださったが、忙しく裁判所の職員に抗議の声をあげていて、このときはじめて親しげに声をかけてくださった。

いつも裁判の段取りをしてくださり、まるで私の裁判ではなく、加藤慶二さんの裁判であるかのように、熱心に助けてくださった。「これからどうするね」と声をかけてくださったその二年後の一九九一年、加藤慶二さんは亡くなられた。ご自分の遺骨を玄界灘に撒いてほしいと遺言をのこした。

加藤さんの遺稿集の巻頭言には、彼の最期のメッセージ「やわらかな春を待ちたい」がのこされている。

下関を午後五時に出港した関釜連絡船は一時間程すると六連島あたりを通過し

ます。玄界灘の八月の海は風を走らせます。甲板に吹く風で皆さんの頬はゆがみ、とかした髪も逆巻くことでしょう。しかし、姿勢をそのままにして海面を見つづけて下さい。この海峡を強制的に渡らされた二百万人もの朝鮮人のうなり声が聞こえてきます。よく聴いて下さい。うなり声は言っているでしょう。

「私たちを忘れないでおくれ！　私たちを償っておくれ。いまからでも遅くない。人間の心を取り戻しておくれ！」　たしかに聞こえましたね。……

玄界灘は悲しみの海です。当時、船底の三段の蚕棚のような船室に押し込められていた朝鮮人たちには頬をつたう風も赤い夕日も別世界のことでした。……

二つの国を隔てる海には秋が来、みぞれの冬が過ぎ、春が訪れるころ、波間を海鳥が飛び交います。海鳥は「〈希望〉を運んできたよ！」といいながら賑やかに鳴いて、死んでいった朝鮮人を慰め悲しみを打ち消そうとします。

そんな、やわらかな春を待ちたいと思います。

私は、そんな海で眠りたいと思います。

一九九一年十一月二日　死を知らされた日に

強制連行の足跡を若者とたどる旅　代表　　加藤慶二

加藤慶二さんは、五十歳でこの世を旅立たれた。

三十四歳から小倉北区東篠崎教会に通い、カネミ油症の工場の前で、月に一回、朝七時にカネミの工場に勤める人にビラを配るなどし、犬養牧師らと座り込みを十年以上続けておられた。そのテントの中で、時にはおでんを食べながら、指紋押捺拒否をどう展開してゆくか、話し合っていたという。

一九八五年の外国人登録の大量切り替えの時期、小倉北区役所前で、一週間のハンガーストライキをしながら、仕事も継続しておられた。

かつてアメリカで、黒人たちのバスボイコット運動があったとき、黒人の中に、白人も混じって闘っていた。数人であっても、その存在は、どれほど黒人を勇気づけただろう。わが「小倉」にも、「公民権運動」の芽がたしかにあったのだ。

一九九二年五月三日、加藤さんの告別式の日、友人の犬養光博牧師は、こう話した。

「指紋闘争でも、加藤さんは常に先頭に立って闘っておられましたが、ほんとうに闘っているのは自分ではない、と常に思っておられるようでした。『指紋を押した人の無念さや、挫折した姿が自分に闘いの力を与える』とたびたび語っておられました。」

加藤慶二さんは、十字架を背負う生き方を選んだ。私は、このような人に指紋押捺拒否を通じて出会った。

父も私も、日本に住んでいるからこそ、日韓の歴史を問いつづける多くの日本人とともに歩むことができ、人間の大いなる良心を知った。

一方、朝鮮半島で暮らす人たちは、日本の良心に触れることなく、植民地時代の記憶が消えないまま、日本を見つめている。たび重なる心ない政治家の発言とヘイトスピーチが海を越え、悲しい記憶をもっと悲しいものにしてゆく。

玄界灘――どれほど多くの朝鮮人があの海を渡っただろう。その帰国の途で、どれだけ多くの人がこの海で亡くなっただろう。

数知れぬ人々の慟哭をのみこんで、いまも海は激しく渦巻く。

だれか彼らに知らせてくれないものか。玄界灘に眠る人のことを。

II　日本から見える風景

「隣人」への憎悪

広島と長崎に原爆が投下された。そのあまりの圧倒的な兵器の恐ろしさ。人間の罪の深さ、科学の恐ろしさを、どんな言葉で語ればよいのだろう。

長崎の友人が被爆二世だったことを私は最近になって知った。被爆地では被爆二世であることをことさら話すことはなく、それは暗黙の了解だった、と彼は言った。

アメリカによる原爆投下は、どのような理由であろうとゆるされざる罪である。

この罪に対し、アメリカの謝罪はない。マンハッタン計画に携わった科学者も、「原爆を落とさなければ、戦争は終わらなかった」といまも話す。

「原爆投下」に帰結したのは、日本があの戦争を「開戦」したことによるではないか、とアメリカには指摘される。恐ろしい原爆後遺症に戦後ずっと苦しむ人々がいても、アメリカは謝罪のないまま、日本にとって安全保障の親分だ。いま、アメリカと日本が手と手を取り合い、東アジアの「有事」に対応すべく、国会では集団的自衛権等、安全保障関連法案が強行採決されてしまった。ここでいう「有事」とは、中国と北朝鮮が念頭にあるということは言うまでもない。

しかし中国や朝鮮は、かつて一度も日本列島に爆撃したり、攻めてきたりしたことはない。日本が満州国や朝鮮総督府をつくり、侵略攻撃したときも、日本の領土に「やり返しに」来たことは一度もない。であるのに、いまも中国と朝鮮が、日本にとっての「敵国」であるかのような声ばかりが聞こえる。

この国で、もっともあからさまな差別を受けているのは、朝鮮学校の子どもたちにちがいない。

「在日コリアンの子どもたちに対する嫌がらせを許さない若手弁護士の会」が、二〇〇三年に発行した冊子がある。これは、朝鮮学校に通う初級（一、三七八人）、中級（八五五人）、高級（四七七人）の子どもたちのアンケート調査報告集だが、掲載された子どもたちの経験した嫌がらせの言葉はすさまじいものがある。（かっこ内は被害者の学年と性別）

「日本から出て行け、俺はおまえらをゆるさない。」（小二女）

「おい、朝鮮人、こっちくるんじゃねえ。ばーか、金じょんいる。」（小四男）

「あんたは朝鮮人だろう。今度なにかやったら、俺がおまえを殺してやるからな。」（中一女）

「拉致される」と言われながら蹴られた。（小四女）

唾を吐かれて、「キムチのにおいがする」と言われた。（中三女）

（『在日コリアンの子どもたちに対する嫌がらせ実態調査報告集』より）

これはヨーロッパにおけるユダヤ人への蔑視にも匹敵するものだと、私はこの調査報告書を読んだ。

調査した弁護士の会では「異常な事態と言える」と分析した。

二〇〇二年九月十七日、朝鮮民主主義人民共和国が日本人拉致を認めた。以来、堂々と朝鮮人を差別して、攻撃してもかまわない、という風潮が続いている。この国のたががはずれてしまった、とアンケートをまとめた弁護士はさらに感想を述べた。

拉致問題の報道のたびに、唾をかけられる子どもたちを、だれが守り救えるのだろうか。

十字架は見えない。しかし、それを背負う人はたしかに、すぐそこにいる。

＊　＊　＊

数年前、次女が中学生だったとき、朝、「すごく怖い夢を見た」というので、「どんな夢だったの？」と尋ねると――

「学校でね、『この中に朝鮮人がいる。捜し出せ』と言う先生がいたの。そんな放送が流れて、友だちも先生も血眼になって私を捜すんだよ。ずっと逃げまわって……大変だった」と言う。

私は驚いた。彼女の心の中に、在日であることの恐怖があるとはじめて気づいたのだ。ひとつ、思い当たる出来事があった。

最寄り駅の階段下に、一週間ほど毛筆で書かれた看板があった。「在日韓国朝鮮人の参政権を許さない集会」。会場は自宅から歩いて行けるほど近所だった。「同じ町内でこんな集会を開いているなんて……。どんな人が集まるんだろう？」と思いながら、だまってその看板の横を通り過ぎた。

娘は毎日、学校に行くときその看板を見ていた。あの看板が彼女の潜在意識に入り、その夢を見たのではないか。

もし在日だということがわかれば、どんな目にあうか……。そんな恐怖を、全国で行われているヘイトスピーチを耳にした子どもたちは潜在的に覚えているにちがいない。

息を殺し、周りの目におびえながら自分を隠す。それは百年前の日本を思わせる。テレビの画面や新聞で聞く差別的な（他民族を攻撃する）発言は、遠い世界のことではなく、もう自分の家の近くまで来ている。

最近、「表札」を民族名から通名（日本名）に変えたという在日が多い。あるいは、子どもたちは外で、アボジ、オモニと両親を呼ばなくなった。朝鮮学校では、通学路で生徒のチマ・チョゴリが切られるので、民族の制服は学校の中だけで着用しているという。

いろんな経験をしてきた私でさえ、恐怖心が自分の中にもひたひたと広がる。

昨年、町内の自治会の集まりで自分の名前を名乗るとき、いままでにない緊張感を覚えた。この町にもいわゆる「在日の特権を許さない会」（略称・在特会）の人が住んでいる、そう思うと、逃げ場であるはずの自宅さえ、もはや安心できる場所ではなくなったと感じた。

＊　＊　＊

二〇一四年の春、恵泉女学園大学で「人権論入門」を担当することになった。

一年から四年生の大学百余名が、大きな講義室に集う。

講義を終えると、ひとりの学生が、こう私に話しかけてきた。

「私の父が中国に赴任していたので、何度か中国に行ったことがあります。小学生のときでした。お店で一生懸命中国語を話そうとしたんですが、『小鬼子《シャオクイツ》』と、唾を吐かれたんです。父になんのことかわからず聞くと、『小鬼子というのは、日本人のことをいっていて、侮蔑をこめた言い方なんだ』と教えてくれました。」

そして、「先生、中国では、年に四回、日本人が外出すれば殺されるかもしれない、という日があるのを知ってますか」と言いながら、彼女の大きな目から、涙がこぼれそうになっていた。

もうひとりの学生は、レポートにこんなことを書いた。

私の祖父は韓国人です。今年の二月、九十六歳になった二か月後に亡くなりました。私は東京で生まれ、二歳のころ、島根県松江市に引っ越し、高校卒業まですごしました。

竹島問題でもめている島根県にいたことが悪かったのか、たまたま周りがそうだったのか、それはわかりませんが、小学校、中学校、高校と、祖父が韓国人というだけで心ない言葉をかけられました。「チョン」と呼ばれたこともありますし、「反日、反日いうなら国に帰れ」と言われることも、「おじいちゃんが韓国人なら友だちやめるね」と言われることもありました。……

私が否定的なことを言うと、必ずこう言われます。「おじいさんが韓国人だから日本が嫌いで意見がかたよるんだね」と。……

島国の日本にも、アイヌの人もいれば琉球の人もちゃんと存在するんだということを教師がまず知る必要があると思います。なのに、それを知ることなく子どもたちに伝えていないばかりか、教師までもが差別をおこなっていることが今の日本の一番大きな問題だと思います。

彼女の父親は日本人で、家族は日本国籍だという。

日本の中で次々に起こる他民族憎悪は、まるで転写されたかのごとく、アジアで、日本で起こっている。

人道に対する罪

もし、日本が戦争に勝っていたら、いまも朝鮮半島は日本の植民地のままかもしれない。いや、日本が敗戦し、朝鮮半島は独立解放されたが、はたして植民地時代の思想は、消え去ったのだろうか。

二〇〇一年九月八日、南アフリカのダーバンで、反人種主義・差別撤廃のための世界大会が開かれた。

この大会では、西欧諸国がこれまで行ってきた植民地時代の「奴隷制」が「人道に対する罪」と問題提起された。ここに参加した「ダーバン二〇〇一ジャパン」事務局次長・上村英明《うえむらひであき》さんは、こう話す。

「ダーバン宣言」一三パラグラフには、「奴隷制と奴隷取引は人道に対する罪であり」と書かれています。サッと読めば何のことはない表現ですが、この表現を入れるのが、ものすごい闘いだったのです。……

旧宗主国（イギリス、スペイン、ポルトガル、オランダ、ベルギー、フランスなど）のスタンスは、謝罪、賠償、人道に対する罪なんていう言葉は、この宣言には一切使わせない、というものでした。

（『文明と野蛮を超えて』徐勝・前田朗編、かもがわ出版）

奴隷貿易で国を繁栄させた国々は、いまなお、あの手この手で罪を認めず、あいまいにしようと画策し、奴隷制と植民地支配が「人道の罪」であると認めさせることは、「まさに、闘いだった」と上村さんは会議の様子をふりかえった。この会議が開かれた地についても、こんなことを教えてくださった。

「アパルトヘイトの発祥の地ダーバンは、インドのマハトマ・ガンディが弁護士活動を始めた場所、ガンディはダーバン駅から列車に乗ったときに、駅員につかみ出され、『お前らカラードが乗るようなところじゃない』と追い出され、そこからガンディの闘いが始まった。」（前掲書より）

ダーバンでのこの「闘い」はいまも継続している。「植民地支配は罪である」という到達点に至るまでの険しい道をともに歩く人は、まだ少ない。

あらためて西欧諸国が行ってきた過去の植民地支配と奴隷制について考えるとき、キリスト教布教が同時進行であったことを、私もふくめ、教会に連なる者は向き合うことが求められている。

◆祈り

私は、母のお腹にいたときから讃美歌を聞き、日曜学校では、遠くから親の車でやってくる在日二世の子どもたちと讃美歌をうたった。

「ことりたちは　ちいさくても　おまもりなさる　神さま」という讃美歌が好きだった。

讃美歌をうたおうとすると涙がにじんでくる。なぜなのか、自分でもわからない。

小倉教会に住んでいたころ、中学生になり、日曜日朝十一時からの大人の礼拝に参加するようになった。韓国語でうたわれる讃美歌、そして牧師である父の説教は、韓国語のあと、日本語で同じ内容をくり返す。

説教で父はマイクを使っていないのに、使っているようなとおる声だった。聖書の言葉を話しながら、一週間、父が考えたことやいろんな在日の苦労話を織り交ぜた。

そのすべてが父の信仰告白であり、思想表現だった。自分の親の「想い」を一週間に一度、教会の人といっしょに座って一時間聞く、ということは、かなり稀なことだろう。

父が、何を考え、どう行動しようとする人なのか、大学に入るまで、毎週、聞きつづけた。このことは、なんだか途方もなくすごいことなのではないか、といま思う。

礼拝では、ハルモニたちが、ハングルで、気が遠くなるほど長いお祈り（時間を計ったことはないけれど、推測五分以上、七分くらい）を十字架に向かい祈った。その祈りは、日本人教会では聞いたことのないようなもので、神に向かって訴え、時には泣きくずれるほど切実なものだった。

アメリカの黒人教会の礼拝に、とても近いものがあった。

日本で社会から疎外されたハルモニの、救いを求め、よりすがるような祈り。そして、罪を告白する声を聞きながら、私はいろんなことを思い考えた。かけがえのない瞬間だった。

いまは韓国人教会から離れ、日本人教会に行くことが多い。十年ほど前、鶴川北教会（日本基督教団）の礼拝に、故・李仁夏《イインハ》牧師が説教に来られた。礼拝の最後に「ハングル」で祝禱をささげてくださった。その「音」を聞き、涙がとまらなかった。ハングルの祝禱こそが、私の「小倉の風景」。小倉教会の祈りは、植民地支配によって、国から切り離された異郷で暮らす人々の、祈りだった。

二〇一〇年八月十四日、信州夏期宣教講座で講演された故・岩崎孝志牧師（キリストの教会土浦教会）は、こう話しておられる。

> 「韓国併合」を、併合当時の日本のキリスト教指導者はほとんどが歓迎した。彼らは、朝鮮民族もこれによって日本の保護を受けることができると考え、日本が朝鮮に善政を布き、彼らが日本に同化することを期待した。韓国併合を、伝道の好機と考える教派もあった。とくに組合教会は政財界の保護を受けつつ、朝鮮人を同化することも伝道の一つと主張した。それは、キリスト教伝道の名によっ

て朝鮮人の民族的同一性を奪い、「大日本帝国」の臣民として教化する役割を果たした。

（信州夏期宣教講座編『韓国強制併合から百年』、岩崎孝志「戦後日本の朝鮮・韓国観――教会の対韓責任」いのちのことば社、二〇一〇年、一五九頁）

岩崎孝志牧師は、ハルモニの祈りを聞いたことがあるのかもしれない。

うたの強制

一九九九年、国旗国歌法が制定される直前、宮田光雄《みやたみつお》・東北大学名誉教授が深くこの事態を憂慮し、朝日新聞「『日の丸・君が代』考」へこのような一文を寄稿している。

ナチ・ドイツでも国旗敬礼拒否をめぐる象徴的な事件があった。第二次世界大戦がはじまる直前のこと、ナチズムを批判してブーヒェンヴァルト強制収容所に入れられていたパウル・シュナイダー牧師の場合。彼は収容所において朝礼の際にハーケンクロイツ旗に向かって脱帽敬礼することを良心に耐えがたいこととして拒否した。ただちに悪名高い地下牢に投げ込まれた。その後一年半、残虐な拷問にも屈しなかったシュナイダー牧師は、最後は殺害された。

教会との紛争に手を焼いたヒトラーが理想のモデルと羨望したのは、じつは日本の天皇崇拝の体制だった。東部戦線の総統大本営で彼が折にふれて腹心相手に放談した「卓上語録」には、しばしば日本賛美が出てくる。日本の「国体の精華」は「世界に冠たる」ナチ・ドイツの「総統崇拝」をも超えていたというわけである。

「ナチ・ドイツの精神構造」を研究された宮田光雄教授は、『君が代』の法制化は、日本のデモクラシーの今後の命運を決するものになりかねないであろう」と指摘した。

＊　＊　＊

国旗国歌法が制定されたとき、官房長官（当時）の野中広務《のなかひろむ》氏は、「国旗国歌は強要するものでも何でもない」と答弁したが、国会答弁というものは、なんの効力もなかったようだ。

さらに野中氏は、当時のことをＴＢＳ「時事放談」（二〇〇六年十一月二十六日放送）で、こうふりかえった。

「自分が小渕政権で官房長官をやっている時に、国旗国歌法案を瞬発的にやったんですよ。やったけれどもね、そのあと自分振り返ってみたら、その勢いのまま、住民基本台帳とか、周辺事態法とか、もう怖い怖いのがどんどんどんどん出来たのを、自分で非常に反省しています」と語った。（辛淑玉・野中広務著『差別と日本人』角川グループパブリッシング）

すでに一九九〇年代から北九州市や大阪、広島など全国各地の教育現場で、「君が代強制」の嵐は、戦後の平和への誓いを、なぎたおしていった。この嵐の中で立ちつくす教師たちに私は出会った。「指紋押捺拒否裁判」が「恩赦」となったことで、「天皇制とは何か」という命題が私の中に生まれていた。そのことが「君が代」問題に導いた。

かつて「君が代」は、戦争を進めるための道具だった。国旗掲揚、国歌斉唱の強制の度合いは、国家権力の有様を表している。多くの教師は、教え子を戦場にかりだした歴史を二度とくり返してはならない、という思いや多くの戦死者を出したアジアの人々への謝罪の気持ちから「君が代」はうたわない、と決意していた。それこそが、戦後の、日本の平和教育の成果だった。

しかし、現在、君が代をうたわない教師は、クラス担任であっても、教え子の卒業式に参列できないなど、信じられない事態が続いている。なぜそこまで国は「君が代」にこだわるのか。

毎年、春になると、卒業式と入学式がある。そのたびに、「君が代」をうたわない教師は、「国歌斉唱」のとき、震えるような思いで着席している。ナチス・ドイツ時代のシュナイダー牧師も、圧倒的な暴力を前に、震えながら、国旗敬礼を拒否したにちがいない。

数年前に一冊の裁判陳述集が届いた。その中で神奈川県のひとりの教師が、なぜ「君が代」をうたわないのか、その理由を裁判所に綴った文を紹介したい。

◇◇◇◇◇◇◇◇◇◇◇◇◇◇◇◇◇◇◇◇

◆在日の生徒の苦しみに出会って

I・M

教職について三年目に、ショッキングな出来事がありました。不登校で数か月ぶりにでてきた生徒に、玄関のところで出会ったとき、その子が「先生、私汚い？」と聞いてきたのです。

びっくりして、「汚くないよ」と答えましたが、「汚い、汚い」と叫びながら、自分の皮膚を爪でかきむしり始めました。私は彼女を抱きかかえ、背中をさすりながら、「汚くないよ、汚くないよ」とくり返すことしかできませんでした。

彼女はそのまま緊急入院をし、その後退学することになりました。後になって担任から、その生徒が在日の外国籍だったことと、それを知らずに育ったが十六歳の指紋押捺の際にそれを知ったこと、それがきっかけで不登校になったことなどを知りました。

差別的な会話をかわしているクラスメイトの中にいて、彼女は自分のことを知ったとき、どんなにかショックだっただろう、と思います。皮膚をかきむしっている彼女の姿と、なでさすった背中の感触を私は忘れることができません。

それ以来、外国籍の生徒について、強く意識するようになりました。日本人の中に少数派として入り、時として激しい差別を受けながら、複雑な思いを抱えて生活している彼らのことを考えたとき、卒業式で、「日の丸」に向かって礼をさせ、「君が代」を歌わせることが、非常に乱暴なことに思えました。

もし、そのように国や県がさせるならば、人権を守るために、外国籍の生徒や歌いたくない生徒の気持ちをどのように守るのか、慎重な配慮をするよう同時に指示があってしかるべきで、それのない強制は人権をふみにじるものです。

◇◇（「神奈川こころの自由裁判」の軌跡編・こころの自由裁判をすすめる会〔二〇一三年〕）

自分の皮膚をかきむしる生徒、その背中をさする教師。
「君が代」という十字架のそばで立ちつくす人々がいる。

参政権と帰化

一九七五年、北九州市、福岡県、そして首相官邸に対して、父・崔昌華は「公開質問書」を提出し、在日韓国・朝鮮人の参政権を要求した。当時、そんなことをする在日は、ひとりもいなかった。

さらに父は、亡くなる前年の一九九四年、「北九州市の市長選に立候補する」と宣言、周囲を驚かせた。

父が参政権を要求してから、はや四十年になる。一時期、「永住外国人への地方参政権」が現実味を帯び、国会でも審議されたが、反対勢力はいろんな形でこれを阻止、ふたたび遠ざかった。

「権利意識」というものは、どのようなとき発揮されるのだろうか。

原発事故後の重要な時期であるにもかかわらず、投票率が下がっている。あれほどのことが起こっても、投票率があがらないのは不思議なことだ。そのような意識状況の中で、歴史的背景のある在日の参政権について、人々はどう考えているだろうか。権利を訴えると、「お金が欲しいのか」などと言われ、逆に差別されることさえある。いまだこの国では、アメリカでの「公民権運動」のような盛り上がりは起こっていない。それどころか、人種差別はこの国に存在しない、と日本政府は国連人権委員会で豪語しつづけている。

私は五十五歳になってもなお、選挙権を持ったことがない。友人は「あなたに選挙権がないなんて、嘘でしょう。信じられない」と言う。

しかし、その「信じられない」不条理にだれも立ちあがらず、声もあげない。「信じられないこと」は、こうして続いてゆく。

娘たちが幼かったころ、選挙の投票日に「ママは、どうして選挙に行かないの？」と聞かれた。「私は、韓国の国籍だから、外国人には選挙権がないの」と言いながら、それを当たり前のことのように説明する自分自身がふがいなく情けなく悲しかった。「どうしてないの？　どうして？」という子どもの声が、自分の中に眠る不条理をつつく。「外国人だから」ということの「言葉」によって、すべての権利を奪われるだけではない。「外国人だから仕方ない」と自分に言い聞かせ、あきらめながら生きてきた。「それでいいの？」と問いかける子どもたちの正直な疑問ほど、尊いものはない。

諸権利を日本人のように獲得したいなら、日本に「帰化」すればいいと何度言われてきただろう。私も中学生だったとき父に、「いつになれば帰化するの？」と聞いたことがある。

けれども、指紋押捺拒否裁判が「恩赦」となったことを考えてゆくとき、帰化とは天皇制の中に入ってゆくことなのだと実感した。

在日朝鮮人の帰化について述べている日本政府内部文書を吉澤文寿《よしざわふみとし》氏（新潟国際情報大学国際学部）が紹介している。これによれば、外務省の北東アジア課は帰化問題について、「多数の在日朝鮮人がいつまでも外国人としてわが国に在留することは、わが国にとってきわめて重大な問題である。よって、将来大きな禍根を残さないよう、彼らを日本人に同化していかなければならないという点においては異論のないところである……北鮮系在日朝鮮人は、……将来同化の可能性もきわめて疑わしく、国内治安の癌となるおそれさえある」と語る。これが、日本の「帰化」思想なのだろう。

私も講演などで、「なぜ帰化しないのですか」とよく質問される。日本政府の帰化思想は、そのまま日本全体を覆っている。「日本に帰化すればいい」という言葉の持つ差別性こそが、植民地時代そのものではないだろうか。

「あなたは、日本人となにも変わらないから、日本人だよ」と励ますような声に、なぜか喜びはわいてこない。私は、日本人でも韓国人でもなく、在日のままで愛されたい。あなたが日本人であることを棄てないように、私も在日であることは棄てようのない事実なのだから。

友情と愛情は、対等な関係から生まれる。

女性もかつて選挙権がなかった。「女だから仕方ない」と自らあきらめていた時代があった。詩人の金子みすずは、女性に選挙権のない時代、「法律も、私たち女を守ってはくれないのですね」と語っている。

参政権は、社会との絆の証しだ。政治に関わることによって、受け身の生き方から、主体的な生き方に変わってゆける。自分自身を縛る鎖をほどくのは自分しかいない。

以下は、父が亡くなる半年前、当時、衆議院議長だった土井たか子さんに書いた手紙だが、私はことあるごとにこの手紙を読み返し、自分のやるべき仕事を考える。

◇◇

衆議院議長　土井たか子先生

主の御名を賛美いたします。

国会が開会され、日々、お忙しいことと信じ、祈っております。

八月八日付で、お手紙いたしましたが、請願書は国会開会中であることといわれ、又、先生が九月一日お忙しいと秘書からの電話を頂きました。

できれば現在開催中か、又は、定期国会が開催される時に（請願書を）提出出来ればと思っております。

先生、実は小生、七月六日入院、七月七日に肺がんの告知され、抗がん剤を三回いたしました。

又、漢方薬等により、快方にむかっており、教会の説教は九月二十五日からしており、大学の講義もしております。

ぜひ、先生が議長として在任中に（請願書を）提出したいと祈っております。

（中略）

長女の入国の時は、いろいろありがとうございました。いつも覚えております。

現在、結婚、娘が生まれ、一年二か月です。

裁判の方は、福岡高裁で、一九九二年七月二十七日判決予定でしたが、のびて今日にいたっております。

先生!!

率直に申しまして、戦後四十八年になっていますが、できれば、在日韓民族・台湾人について、根本的に参政権を含む人権保障の立法ができればなあ……と思っておりますが、いかがでしょうか。

一度、このことについて、お伺いすることができればと思っております。

お忙しいところ、いろいろ申し上げましたが、もしできれば、二十二日、請願について、よろしくお願いします。

先生のご健康をお祈りいたします。

◇◇◇◇

一九九四年十月二十八日

崔昌華（최창화）

土井たか子さんは、私が米国の留学から帰国する際、当時の法務大臣に申し入れをするなど支援してくださった。

ふたりはもういない。

参政権は、この手紙から二十年経ったいまも、論議すらされていない。

被爆ピアノ

二〇一〇年、広島の幟町《のぼりちょう》カトリック教会の神父から、「世界平和記念聖堂」で被爆ピアノの演奏をしてほしい、と依頼を受けた。コンサートは、二〇一一年八月六日、その日、広島で「被爆」ピアノを弾くということが、依頼を受けてからずっと頭から離れなかった。日本が起こした侵略と戦争、その加害責任を問うてきた在日として、原爆をどう語るのか。「被害と加害」が頭の中でまわりつづけた。

そうしていたところ、二〇一一年三月、東京電力福島第一原発事故が発生。メルトダウン。もはや在日の立ち位置など悩んでいることもふっとんだ。人類滅亡前夜のごとく、かつて経験したことのない恐怖を覚えた。

それは、丸木俊さんの「原発に殺される」という予言そのものだった。このときから、「原爆と原発」が私の中でつながった。

八月六日、広島の大聖堂で午後二時からのコンサートが終了すると、私が弾いた「ミサコの被爆ピアノ」はすぐさま広島球場（マツダスタジアム）に運ばれていった。原爆慰霊の日、広島で戦後はじめて、五十三年ぶりに野球の試合が開催されたのだ。

それまで広島では毎年八月六日、野球を自粛していたことすら、私は知らなかった。試合に先立ち、約三万人集まる球場で「ミサコのピアノ」が演奏され、女優の斉藤とも子さんが原爆の詩を朗読された。私はその中継を、広島駅近くのレストランのテレビで見ていた。

「ミサコのピアノ」は広島市中区千田町、爆心地より一八〇〇メートルの民家で被爆した。二百二十キロのピアノが爆風で部屋の壁まで吹き飛ばされた。ピアノの側面にはガラス片がつきささった痕、白い鍵盤には熱線で溶けだしたと思われる赤いしみ

被爆ピアノ　（撮影・新井卓）
〔写真・サンフランシスコ近代美術館収蔵〕

が残っている。

　このピアノは、一九三二年製造されたヤマハのアップライトピアノ（象牙鍵盤八十五鍵盤）、高級な松の木が使われた。近年の大量生産されたピアノとは趣が違う。調律師・矢川光則《やがわみつのり》さんは二〇〇五年、七十八歳になったミサコさんからピアノを託された。そのとき、こう語られたという。

「もし、私が死んでしまったら、ピアノも古くて鳴らないからと、そのまま捨てられてしまうかもしれません。それが、かわいそうに思えたんです。私と一緒に原爆を乗りこえてきたピアノですから、簡単には捨てられません。人間と同じように寿命があるなら、それをまっとうさせてやりたい。きちんと音が出るように直して何かに役立ててほしい、そう思ったんです。」

（矢川光則著『海を渡る被爆ピアノ』講談社、二〇一〇年）

取り返しのつかないこと

戦後七十年を迎え、安倍首相が「談話」に、植民地支配、侵略への謝罪の言葉を継承するかどうか、注目されている。

一九五三年、対日講和条約の折、日本代表の久保田貫一郎は「日本が朝鮮に行かなかったとすれば、中国かロシアが入ってきただろう」と、植民地支配を正当化した。このような発言は、六十年経ったいまもよく聞かれる。

この延長線上に、ヘイトスピーチがあるのだろう。

一九六五年、日韓基本条約が締結された年、ベトナム戦争が泥沼化し北爆が開始された。朝鮮半島は一九五〇年からの朝鮮戦争の休戦状態にあった。このような「反共産主義」戦争のただ中で、「日韓国交正常化」はなされた。米ソ冷戦構造が、戦後補償問題をも決定づけている。

一九四五年十二月、トルーマン大統領は、対日賠償使節団（ポーレー団長）を日本に派遣し、「日本の軍国主義の復活を不可能にするため……日本からの余剰の工業設備を除去し……それらの設備を日本の侵略を受けた諸国に移すこと」とした。日本は植民地支配による朝鮮人の損失を補償すべき、と誘導したのはあくまで米国であって、日本が自発的に朝鮮に対して賠償しようとしたわけではなかった。それどころか、韓国が「請求権」を主張すれば、日本政府はその「証拠」と「法的根拠」を執拗に求めたという。

「戦争と平和は、双子のようなものだ」とアフリカ各地の紛争地で働く人が語っていた。この国の、戦後七十年間の「平和」は、隣国との関係においても「平和」だったと言えるのだろうか。

朝鮮戦争の特需によって、高度経済成長をしたことを考えれば、いまの日本は朝鮮半島の分断の上に成り立っていると言えなくもない。それを「我、関せず」という「平和」とはいったい何だろう。朝鮮半島の分断をそのままにして、韓国のみと国交を「正常化」した。このことが、さらに「北朝鮮」を孤立させた。

現在も、拉致問題の報道があるたびに、朝鮮学校の子どもたちは、制服の民族服をかみそりで切られたり、唾をはかれたり、「拉致学校」とののしられている。

「北朝鮮は危険思想の持ち主」というマッカーシズムは、いまも「私たちの街で」続いている。

『いのちと責任』（高史明×高橋哲哉対談集、大月書店、二〇一二年）で高橋哲哉氏は、こう話した。

「私は、植民地支配のなかで起こったことは、やはり罪としかいいようがないと思うのです。日本人のなかには、正しいと思ってやった人もいれば、しかたがないと思ってやった人もいれば、あるいはこれが世の掟なんだと思い、強い者が支配するのは当然なんだと思ってやった人もいるかもしれない。……けれども現実に起こったのは、ひとつの民族がもうひとつの民族を支配し、従属させ、名前や言葉、信仰までも奪うということです。これが罪でないといえるだろうか。罪であるなら、ほんとうは取り返しのつかないのだと思うのです。」

いつか日本が、「取り返しのつかない罪」を犯したと認識したとき、真の和解は実現するだろう。

「移住しておいで」

「仏のユダヤ人、移住加速」(「朝日新聞」二〇一五年一月十七日)という新聞の見出しに、私は釘づけになった。最近、発作のように「移住」を考えるときがある。

親しい友人が大学の教授職を捨て、カナダへの移住を決意した。

彼女は私と同い年の在日。勤めている大学の研究室の彼女のネームプレートが、ある日、切り刻まれてごみばこに捨てられたという。彼女の娘は、学校帰りに大人の男性にとりかこまれて、「朝鮮に帰れ」と脅された。

こんな日常を生きなければならなくなったのだ。

ジャーナリストで日本人の友人までも、「崔さん、オーストラリアあたりに亡命の準備をしたほうがいい。この国は、思ったより早くに戦争状態になるだろうから。排外主義は激化すると思う」と心配する。

カナダへの移住を決意した友人は、大学時代からの付き合いで、会えば在日であることの悲哀を心おきなく語り合えた最初の人だった。つい先日も、お茶を飲みながら、「いよいよ（命の）危険を感じたら、カナダに一時避難しておいで」と言ってくれたが、切なくて何も言えず、なぜか中野重治の「雨の降る品川駅」の詩が浮かんでは消えた。

＊＊＊

ある日、最寄り駅の改札の前に一枚のポスターがあった。

「不審なアジア系外国人を見かけたら、すぐ『一一〇番』してください。〇〇警察署、〇〇防犯協会」

あやしい、疑わしいという意味の「不審」という言葉は、「不逞鮮人《ふていせんじん》」と言われ殺された約百年前の出来事を想起させる。

一九二三年、関東大震災のとき、関東の広い範囲で警官巡査が自警団を使い、「不逞鮮人が殺人放火しているから気をつけろ」「井戸に毒を投げ入れている」という根も葉もないデマを回し、六千人以上の朝鮮の人を竹やりや棒で殺した。

なぜ関東大震災のとき多くの朝鮮人が殺されたのか、その憎悪がどこから来るのか私は理解できなかった。父は日本に来て間もなく、横浜市にある清水ヶ丘教会の牧師から、この震災時の朝鮮人虐殺の事実を聞いて驚き、日本人観が大きく変わったと話していた。

一九一〇年から朝鮮半島は日本に侵略され、土地を奪われた朝鮮の人々は一九一九年、三・一独立運動を起こした。その先駆けとなったのは、東京神田の朝鮮ＹＭＣＡ（現・日本韓国ＹＭＣＡ）で朝鮮の留学生が発表した二・八独立宣言だった。

この宣言では、ユンチャンソク牧師の祈禱によって開会と閉会が行われた。キリスト者が積極的にこの運動に関わり、これが引き金となって、朝鮮に独立運動が広がった。

しかし、日本軍に抵抗する朝鮮人は次々と虐殺されていく。そのひとつが、一九一九年四月に起こった「堤岩里《チェアムリ》教会焼討事件※」だ。

日本の侵略支配から解放を求めて、独立を叫ぶ朝鮮人がいつ逆襲してくるかと、日本人が警戒するのも当然のことだろう。他国を侵略するということは、その復讐にずっとおびえなければならず、心穏やかに過ごせない、ということだ。

＊＊＊

近年、欧州では「ふたたび」ユダヤ憎悪の高まりがあるという。ホロコーストの記憶を「克服」したかに思えていたのに、である。

二〇一五年一月九日、仏のユダヤ食品店人質事件の容疑者は、「ユダヤ人はイスラムの領土を抑圧している」と語った。イスラエルとパレスチナの問題が垣間見える。仏のユダヤ人組織は、「以前は侮辱の言葉や落書き程度だったのが、いまはユダヤ人という理由だけで殺される。攻撃が凶悪化している。今年の国外への移住はさらに増えて一万人〜一万二千人になるだろう」と予想した。

似たような状況下にある日本で、在日が国外への移住を考えないほうが不思議なくらいだ。職場でも子どもの学校でも、本名を名乗れば命の危険を感じるという声は、百年前の日本と何が違うのだろう。

五年前、ワルシャワで開催されたショパンコンクールをいっしょに聴きに行ったポーランド人のチェロ奏者に、私はユダヤ人のことを問いかけた。すると、三十歳前後のその彼女はこう言った。「ユダヤ人はあのとき、逃げるべきだった」と。

ナチス弾圧を受け、一九四五年に夭折したドイツの版画家ケーテ・コルヴィッツは、二度の大戦で息子と孫を失っている。

コルヴィッツは言う。

「あなたの言うとおり、戦争がなくなったとしても、だれかがそれをまた発明するかもしれないし、だれかが新しい戦争をやり出すかもしれません。いままで長い間そうやってきたように。しかしいつかは新しい思想が生まれるでしょう。そして、一切の戦争を根絶やしにするでしょう。コンラード・フェルディナント・マイヤーの『王様の決闘』という詩を読んでごらんなさい。このような確信のうちにわたしは死にます。そのためには、人は非常な努力を払わなければなりません。しかし必ず目的を達します。平和主義を単なる反戦と考えてはなりません。それは一つの新しい思想、人類を同胞としてみるところの理想なのです。」

（『ケーテ・コルヴィッツの日記』鈴木東民訳、アートダイジェスト、二〇〇三年）

「人類を同胞としてみること」簡単なようで、簡単ではない。そしてあらためて思う。戦後を生きるとは、平和でありつづけるとは、なんと厳しいことか。

戦争に父親を奪われ、七十歳になるまで一度も「お父さん」と口にできなかった友が、連日連夜、反戦のデモへ向かっている。戦争をゆるさない、父を返せ、と彼女の身体は訴える。

私は演奏する音に、その人たちの声を刻もう。

朝露のように輝く良心のしずくを、すくいとれるような人間でありたい。

※堤岩里教会焼討事件……一九一九年の三・一独立運動で、指導的役割を果たした韓国教会に対して、日本軍部と警察は、教会堂の破壊、指導的信徒の検挙が相次いだ。四月十五日、日本軍憲兵は堤岩里教会会堂内に、二十九名のキリスト教徒を閉じ込め、会堂の周囲に薪を積み、石油をかけて焼き殺し、さらに駆けつけた家族も殺害した事件。

エピローグ

二〇一〇年四月、ショパン生誕二百年、私はポーランドへ向かった。五年に一度開催されるショパンコンクールは、このとき波乱の幕開けとなっていた。

コンクール予備審査開始の日、アイスランドの火山が噴火、ヨーロッパの空港は閉鎖され、飛行機もキャンセル。コンクールの出演者は、急きょ列車などでワルシャワ入りしたと聞く。

じつは、この噴火の数日前、ポーランド大統領ほか九十六名を乗せた飛行機の墜落事故が起きていた。そのため、四月十日から二十日までポーランドは喪に服していた。

私はワルシャワ滞在最終日、ショパンの生まれた場所ジェラゾヴァ・ヴォラを訪問した。

ショパンが生後たった六か月だけ過ごしたその町を訪問すべきか迷っていた。滞在するホテルで、その場所へのバスツアーなどを調べると、すべて開店休業状態。今回、大統領の喪に服す期間中であり、火山噴火もあいまって、ポーランドに外国人旅行客などが入国できず、ツアーもキャンセルになったにちがいない。

私の日本への帰国便までもが火山噴火のためキャンセルされ、空港は閉鎖されたままで、航空券をあらたに入手するために、空港へ三日間通った。

その空港に行くホテル専属リムジンの運転手に何気なく「ショパンの生家は、どうしても行くほどのところじゃないですよねえ」と聞くと、「絶対に行っておいたほうがいいですよ。そこがまさにショパンの心象風景ですから。ピアニストなら、ショパンを知るためには、あそこははずせないと思います」と言われた。

それが観光をすすめる営業行為とは思えず、迷いはなくなった。

さらにその運転手にガイドをしてもらうことになり、ショパンの生家へ片道一時間以上の旅に出た。

行きの車中で私は彼と話がはずみ、ショパンの村よりも運転手の家族のストーリーにすっかりひきこまれてしまった。

というのも、ショパンの父親はなぜ、フランスからわざわざ「後進国」のポーランドへ来たのか、という私の大きな疑問と直結していたからだ。もう明日には日本に戻る。私は少し焦っていた。

疑問にはやがて、運転手によって容易に答えが与えられた。

彼の家族がもともとドイツからの移民だと聞き、私はぶしつけに質問した。

「あなたの出身の村（ドイツとポーランドの国境付近）もヒトラーに攻撃されたんですか？」

「その質問に答えるには、私の家族の話をさせてもらうことになりますよ」と運転しながら私のほうをふりむき、「私の名前はスピリンガーですが、祖先はドイツから来ました」と話し始めた。彼はポーランド在住の「七世」だという。

彼の祖先は一七七五年、ドイツから移住した。当時、ドイツでは長男しか土地を継承することができず、長男以外の子どもたちは、自分の土地が持てなかった。ポーランドに行けば、一定の土地と一年間分の生活費、そして牛、鶏、豚などの家畜が一、二頭与えられる。それは、オーストリアとプロイセンがポーランドを分割したときの協約でもあった。

「ドイツ軍がポーランドに攻める直前、私たちの祖父や家族の住む村に多くのドイツ出身の人がいることがわかって、ドイツ軍が私たちに誓約書みたいなものを書かせようとしたんです。その紙をいまでも持っていますが、ドイツはポーランドに攻めるにあたり、私たちに、ドイツ軍の側に立ちます、という内容の誓約を求めたのです。けれども祖父たち家族は、この書類にサインしなかった。自分たちはポーランド人だ、と宣言したのです。祖父らは、ポーランドに長く住み、ポーランドを愛することがもう自然な感情になっていて、もはやドイツ人ではなくポーランド人だと言いきったのだと思います。」

彼は、勢いよく語りつづけた。

ドイツは当時、ポーランドより農業が近代化していて、農具も機械化され始めていた。

一方、ポーランドの農家では、食卓のまん中に大きなボールがあって、それをみんなで分け合い、木のスプーンを使って食べていた。けれども、ドイツからの農民の移住によって、フォークとスプーンを使うようになり、各自別々のお皿で、あらかじめ分けて食べるようになった。ベッドも、それまでのポーランドでは枯れ草を集めたカーペットの上に鳥の羽根を包んだものをかぶって寝ていたけれども、ドイツ移民の生活スタイルが入り、個別のベッドになってゆく。

そして一九世紀、ポーランドはロシアに大半を占領された。彼の家族名 Springer（スピリンガー）が、ロシア的な名前に強制的に変えさせられる。名前だけでなくロシア語を強制され、ポーランド語が禁止された。

そのような歴史を語る彼に、私は聞いた。「あなたは、自分をドイツ人か、あるいはポーランド人か、どちらだと思っていますか？」すると彼はこう言いきった。

「僕はもう一〇〇パーセント、ポーランド人です」

「私は日本から来たけれど、韓国人の両親を持つ在日三世なんです」と告白した。

彼は深くうなずいた。

「日本はかつて、朝鮮半島を三十六年間侵略統治しました。朝鮮半島は、独立解放後、ロシアとアメリカの冷戦時代にあって、三八度線で分断され、いまもそのままです」と一気に話した。

彼は、「その歴史はよく知っています」とうなずいた。

「父は朝鮮戦争から逃れ、勉強をしたくて日本に来て、牧師になりました。私は、二・五世ですが、韓国語を話せません。言葉だけでなく、韓国に住んだこともなく、自分が韓国人とも日本人ともいえない、そんなアイデンティティにいまも苦しんでいます。」

そう話すと、彼は「三世くらいまでは、みな苦しい思いをしているようですが、五世以降になると、ルーツはルーツとして、いま自分の住んでいる国を愛せるようになりますよ」とほほ笑んだ。

私は、次々にこれまで聞きたかったことを彼にぶつけた。

「ショパンは二十歳でポーランドを離れて、彼の予感どおり、二度と帰国しませんでした。これは、彼の意志でしょうか、それともその時の社会情勢、ロシア政府が入国を認めなかったからでしょうか。」

彼は、「ショパンは当時、ポーランドの人々にとって、愛国心を鼓舞させるポーランドの英雄でした。ロシア政府からすれば、危険人物です。だから彼の帰国を許せば、ショパンの音楽によって人々が立ちあがり、反ロシアの抵抗分子がますます増えることを恐れたのでしょう」と答えた。

「やっぱり、そうですよね。それでは、ヒトラーが第二次世界大戦のとき、ショパンの音楽を禁止したのも同じ理由からですね？」

「そうです。ドイツは当時、ユダヤ人だけでなく、ポーランド人も絶滅させようとしました。ポーランド的なものをすべて破壊しようとしたのです。ショパンはポーランドの魂ですから。」

私は、続けて質問した。

「ショパンのお父さんはフランス人であったにもかかわらず、ポーランドに来て、まもなくポーランド兵士として、ポーランド第二分割のとき闘いました。なぜフランス人なのにポーランド兵士となったのでしょうか。」

彼は一呼吸おいて、ゆっくりとこう答えた。

「それは、フランス人でもなくポーランド人でもなく、人間として闘ったのだと思います。」

そうだ、そうだった。

私はこれまでフランス人、ポーランド人、ロシア人という枠でポーランドの歴史を見ていた。彼に対して、「あなたはドイツ人なのか、ポーランド人なのか」と責めるでもなく彼に問うた。

「人間として」という言葉を聞いたとき、私は大きな荷物を下ろせたような気がした。同時に、ひとりの運転手が、ショパンをこのように深く理解し、尊敬していることに胸が熱くなった。

彼が自らのルーツといまの自分をすっきりと整理して考えていることにも、すがすがしさを感じた。そして、私の旅は終わった。

ショパンの生家からの帰り道、一面に広がる畑に何が植えられているのかを彼は教えてくれた。じゃがいも、たまねぎ、ニンジン——彼のいとこはいまもショパンの生家の近くに農園を持っているという。

＊　＊　＊

この旅の始まりの日、アイスランドの火山の噴火でワルシャワ空港が閉鎖され、いつ運航再開するかわからない、そう追いつめられた。二十七年前、留学先アメリカから日本に帰国できなかったことがよみがえるような感覚だった。いつ家に戻れるのかわからない、という感覚。

なんとかして帰国できないものか、飛行機以外の手段を考えもした。シベリア鉄道でロシア、中国を横断して、朝鮮半島もしくは樺太《サハリン》から北海道に渡れないか、何日かかるだろうか。

火山の噴火という天変地異は、その終息を待つより仕方ない。

アイスランドの首相は「もっと大きな噴火が近い将来あるかもしれない」などと発言し、波紋を呼んでいた。

数日後、ルフトハンザ航空が運航を再開した様子がテレビで報じられ、空港で「再会」した子どもたちと母親が抱き合って泣いていた。

わずか一週間帰国が遅れただけで、泣きながら抱き合う家族。

亡命者や難民は、どんな気持ちでこの場面を見ているのだろうか。

あとがき

二〇一一年三月十一日、大震災が起こった。この地震は、大地だけでなく、私たちの生活意識や人生観をも大きくゆるがした。余震が続くなか、私は、銀行通帳と外国人登録証と印鑑などをバッグに詰めながら、ふたりの娘に「ひとつ持って逃げられるとすれば、何を持って出る?」と聞いた。ふたりは、「写真」、「アルバム」と答えた。まだ十代の若い娘たちにとっても、記憶こそが何より大切なものだった。

「記憶」は、たよりなく、薄れてゆくこと、そして、地震による圧倒的な破壊が、見慣れた風景さえも奪ってしまうという喪失の大きさを感じたからではないだろうか。

このたびの執筆の依頼があったのは、約二年前、いのちのことば社の長沢俊夫さんからだった。「何を書きましょうか?」と聞くと、「崔さんが書きたいこと、何でも」。

自由に書きたいことを綴ってゆくと、知らず知らず自分のアルバムをつくっているような作業になっていった。読み返すと「父」という言葉の多さに、正直、「ああ、また……」と思っている。

小倉は、作家・松本清張の出身地で、彼が生まれ育ち、作家として認められるまでの、半生の原風景だった。私が育った小倉教会（白銀町）も、清張さんの実家（TOTOのある中島町）の目と鼻の先。僭越ながら、同じような風景を見ていた。清張さんの「半生記」にはこんな一文がある。

「小倉の中島にあるバラックの家の前には、白い灰汁の流れる小川があった。近くの製紙会社から出る廃液の臭気が低地に漂っていた。しかし、住んでみると、その悪臭を嗅がないと自分の家でないような気がした。」

ふるさととは、そんなものではないだろうか。どんな風景であっても、そこに住み、その風景とたわむれるうち、自分の一部になってゆく。

父は、その製紙会社とTOTO（元・東洋陶器〔株〕）の向かい側の小倉記念病院で亡くなった。九階の病室の窓から真下を流れる「紫川」をながめ、そこにやってくる白鷺を、きょうは何羽飛来しているかと数えながら、「紫川もずいぶんきれいになった……」とうれしそうに、そして、別れを惜しむような声で言った。

遠くの出張から帰るたび、「やっぱり小倉はほっとする」とも言っていた。「小倉教会」の集会室には、新聞記者、市民運動、弁護士、そして悩める人が、次々に来訪し激論もした。母はよく韓国料理をふるまい、ときには二十人以上の食事をいっしょに準備した。小倉は私にとって「指紋押捺」など、苦悩の連続の場所でもあったけれど、その苦悩をもふくめて、「小倉」なしには何も語れない。

一九八〇年代以降、タクシーに乗っても、デパートに行っても、父は「名物牧師」として、「ああ、あの牧師さん」と半分くらいは尊敬がこめられた調子で言われる、小倉の「アイドル」になっていった。

当時は、そのすべてが重荷に感じられたが、いま、過ぎ去ったあの時代が、私のいまを動かしていることに、この本を書きながらつくづく気づかされている。

今回、本の装丁を引き受けてくださった上浦智宏さんは、昨年、東京から出身地の奈良へ幼いお子さん二人を連れてUターンした。表紙のイメージについて相談したとき、「故郷」について話した。彼がなぜ、便利で仕事にあふれる東京を離れ、生まれ育った土地にUターンしたのか。

「あの震災で失ったものの大きさから、大切なものは何か、それに気づいたんだと思う。大昔からずっと引き継がれてきた奈良の村の文化の豊かさ、あの豊かさの中で子どもたちを育てたい」と。そんな話をしているうちに、「地図」を入れよう、と思い立ち、イラスト画でも活躍される井上桂さんを紹介していただいた。

ぜひ愛すべき小倉の地図をいまいちど開いていただきたい（二〇、二一頁）。距離にすれば、「メモリアルクロス」から「三萩野」までバスで十五分。学生時代、小倉教会自宅前のバス停は、通学ラッシュの満員乗車で、バスに通過されてしまうので二つ手前の「三萩野」のバス停から乗った。ここから六年間通った西南女学院までバスで二十分。小倉駅から三萩野まではバスで十分。これが私のおもな行動範囲だった。

昔は小倉駅に降りると、やくざがそこかしこを歩いていた。タクシーに乗れば、（刑）務所帰りか、と思われるような強面のおじさんが運転手で、怖かった。小倉駅からつながる「魚町」商店街は、母と買い物に行き、よく「なにわ」というお店のお好み焼きを食べた。中学一年のころ、小倉市民会館で、ピアノの巨匠「ケンプ」のコンサートを聴いたけれど、どこがどう「巨匠」なのか、その深みがまったくわからず、こんなことじゃあこのまま音楽の道に進んでいいものか、と心の中で思っても、高額なチケット代を母に払ってもらったので何も言えず……。

私の大学入学と同時に家族が引っ越したメモリアルクロスの家。兄も東京だったので、妹と両親が六年間住んだ。休みに帰省すると、高台の家から見える小倉の夜景はとても美しかった。

そのイメージで表紙のイラストと小倉の地図を描いてくださった井上桂さんにお会いしたとき、こんなお話を聞かせてくださった。

「私の出身は釜石なんですが、釜石にも大きな鉱山（橋野）や製鉄工場があって、朝鮮の方々が『ゼロ番地』に住んでいました。あそこに近寄っちゃいけない、って親に言われていた子どももいましたが、私の母親は、『ゼロ番地に住んでいる人たちは、願ってそうしているのではない、そうせざるをえなかったんだ。時代と環境が違えば、逆に私たちがそこにいてもおかしくない。憐れむな、蔑むな』というようなことを言っていました。」

日本のいたるところに「小倉の風景」があるにちがいない。大きな工場がどうしてこの街に誘致されたのか、あそこに住む人たちは何をする人たちなんだろう、と私たちの日常の風景には数々の謎がある。風景にうつる「もの」や「こと」や「ひと」は、あまりにさりげなく、静かで、何も言わず、横たわっている。そのひとつひとつの肩をたたき、しゃべってみていいよ、と声をかけてゆく。するとジグゾーパズルのように、いろんなことがつながってゆく。何度もパズルがばらばらになり、編集担当の米本円香さんがつないでくださった。感謝します。

私たちの記憶のパズルはまだまだ完結していない。この本がそれぞれの風景と結びつき、隣人のこと、世界の人々のことが、もっと身近に感じられるように、そう願ってやまない。

戦後七十年　八月

崔善愛

1948年	「大韓民国」「朝鮮民主主義人民共和国」が樹立。文部省が在日韓国・朝鮮人の子どもたちを日本の学校へ就学させるよう通達。特に兵庫県と大阪府の在日韓国・朝鮮人が激しく抗議(阪神教育闘争)。
1950年	朝鮮戦争、勃発。
1952年	サンフランシスコ平和条約、発効。 在日韓国・朝鮮人の日本国籍剥奪。「外国人登録法」発布。外国人登録証の常時携帯と指紋押捺を義務化。
1953年	朝鮮戦争、休戦(「休戦協定」には大韓民国は不参加)。
1959年	◆ **崔善愛**、誕生。
1965年	日韓基本条約、締結。その際の法的地位協定により、在日韓国・朝鮮人の大韓国国民(およびその子)に、永住資格(「協定永住」)が与えられることに。外登証の国籍等の欄を「朝鮮」から「韓国」に切り替える人が続出。
1981年	入管法、改正。「協定永住」を取得しなかった在日韓国・朝鮮人にも、特例として永住資格(「特例永住」)が与えられる。 ◆ **崔善愛**、指紋押捺拒否。
1986年	◆ **崔善愛**、「再入国不許可」のまま、米国留学へ。
1988年	◆ **崔善愛**、一時帰国→「180日間特別在留許可」
1991年	入管特例法、施行。在日韓国・朝鮮人の在留資格が期限無制限の永住資格(「特別永住」)に一本化。
1993年	特別永住者の指紋押捺制度が廃止。
2012年	入管法、改正。外国人の一元管理化へ。

在日韓国・朝鮮人関連年表

1910年	大日本帝国が大韓帝国を併合（「韓国併合条約」を締結）。 朝鮮総督府設置。 日本の朝鮮への植民地支配が始まる（～1945年）。
1912年	朝鮮総督府が朝鮮の大部分の土地を国有化。 (土地調査令)
1913年	内務省「朝鮮人識別資料ニ関スル件」を各府県に送付。 在日朝鮮人の監視強化。
1919年	2・8独立宣言（在日の留学生が東京で独立宣言書を発表、その宣言文を本国へ送る）。 3・1独立運動が起こる（～1920年）。
1923年	関東大震災。多数の朝鮮人が虐殺される。
1938年	朝鮮の学校の授業における朝鮮語の使用を禁止。 〔皇民化政策〕
1940年	創氏改名。朝鮮人の名前を日本式の氏名へ強要。 〔皇民化政策〕
1942年	朝鮮人労働者の日本への強制連行が本格化。 朝鮮人に対する徴兵制導入を閣議決定。
1944年	国民徴用令を朝鮮人にも適用。朝鮮国内、日本、満州などへの労務動員開始。
1945年	アジア・太平洋戦争終結。 米国、旧ソ連による南北分断軍攻、続く。
1947年	外国人登録令、公布。（即日施行。その翌日〔5/3〕、日本国憲法施行。） 在日韓国・朝鮮人を「当分の間、外国人とみなす」(国籍等の欄には「朝鮮」を記される)。

撮影・本田雅和

崔 善愛
チェ ソンエ

ピアニスト。北九州出身。愛知県立芸術大学器楽科ピアノ専攻卒業後、同大学大学院修了。米国インディアナ州立大学大学院に三年間留学。このとき外国人登録証明書の指紋押捺拒否を理由に「再入国」が不許可となり、永住資格を剝奪され、約20年、法務大臣と最高裁まで闘った。

帰国後、韓国、イタリア、マケドニア、コソボ、ドイツなど世界各地の国際音楽祭に招かれ、国内外で演奏活動を展開する。近年「ショパンの手紙」「ベートーヴェンものがたり」コンサートで演奏と脚本を手がけている。

現在、明治学院大学・恵泉女学園大学・ルーテル学院大学等の非常勤講師。

日本ペンクラブ会員（平和委員）。2019年4月より『週刊金曜日』編集委員。

著書、『自分の国を問いつづけて――ある指紋押捺拒否の波紋』（岩波ブックレット）、『ショパン――花束の中に隠された大砲』（岩波ジュニア新書）、『父とショパン』（影書房）。共著、『なぜ、「君が代」を弾かなければならないのですか』『クリスチャンとして「憲法」を考える』（以上、いのちのことば社）。

CD『ŻAL』（ショパン作品集）、『Piano,my Identity』（ともに若林工房発売）がある。

装画（表紙）＝小倉のメモリアルクロスから望んだ風景
　　（裏表紙）＝本書「黄色い缶」参照

十字架のある風景

2015年9月1日　発行
〈オンデマンド〉2022年8月20日　発行

著　者　崔 善愛
印刷製本　（株）デジタルパブリッシングサービス
発　行　いのちのことば社
〒164-0001 東京都中野区中野2-1-5
電話 03-5341-6922（編集）
03-5341-6920（営業）
FAX03-5341-6921
e-mail:support@wlpm.or.jp
http://www.wlpm.or.jp/

ISBN 978-4-264-04304-4